失われた魂の記憶を
取り戻す旅

MISSING LINK

ミッシングリンク

Kaoru Takaesu
高江洲 薫

1995年9月インドの聖者サティヤ・サイババに出会う

翌年2月、サイババから直接、「霊性」を象徴するクラウンチャクラに触れてもらい、特別な祝福を受ける。過去世やオーラなどを透視する力に目覚める。（P.62参照）

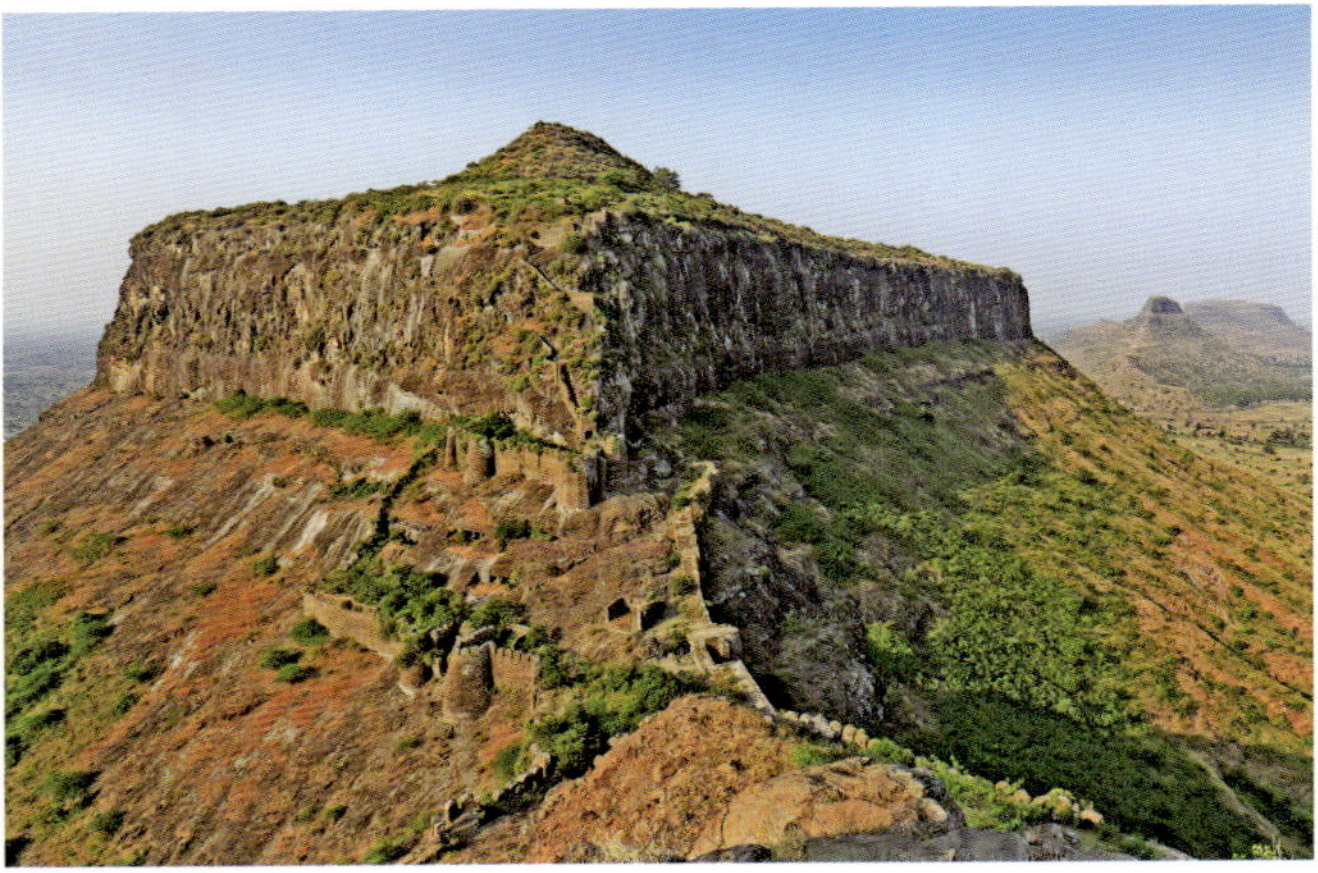

2007年、過去世の自分が修行をしていた聖なる岩山を見つける

インドの修行者だった過去世の記憶をたよりに、聖地シルディ村から40キロ離れた岩山を見つける。古代インドの民族叙事詩ラーマーヤナの伝説の残る聖なる岩山に約100年ぶりに帰り、さらにはっきりと記憶を取り戻す。（P.90参照）

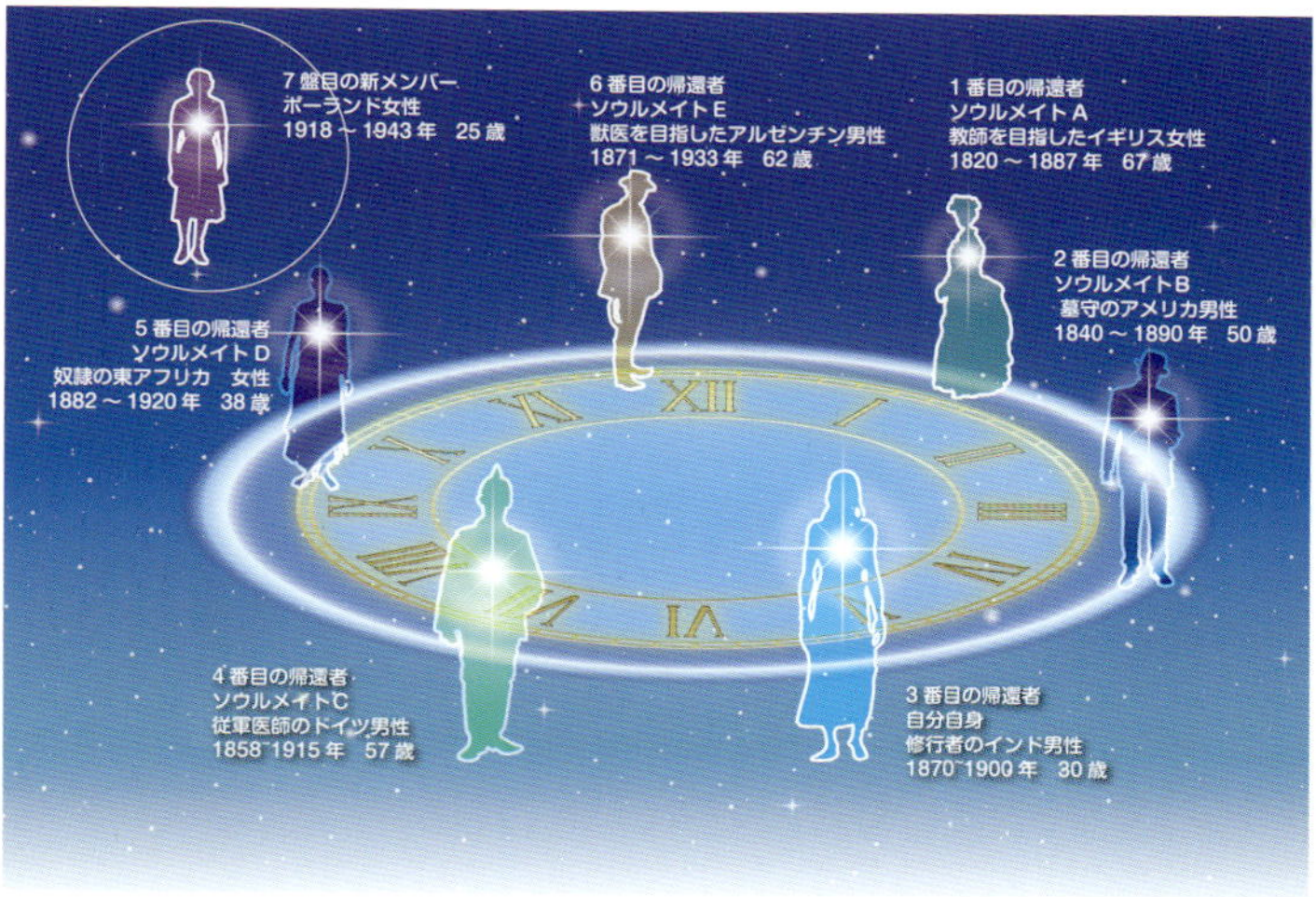

中間世でのソウルメイトとのシェアリング

魂は肉体からはなれると生まれ変わりの準備を行う中間世へともどり、魂の仲間であるシェアリングソウルメイトと、それぞれの体験を分かち合う。戻った順番に、時計のような配置で並び、グループの全員と魂の記憶を分かち合う。(P.130 参照)

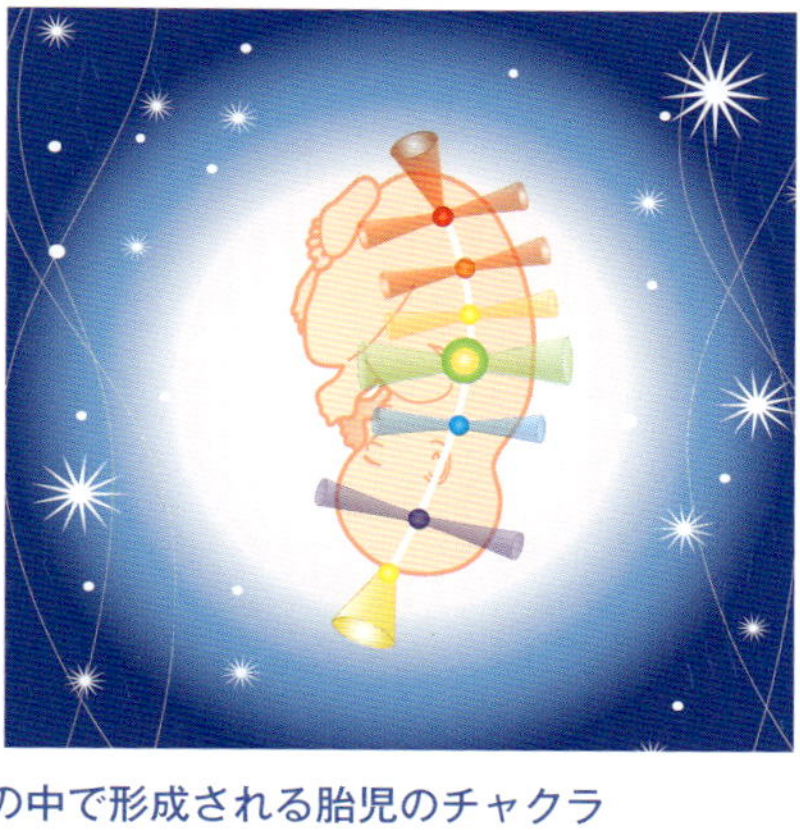

母の胎内の中で形成される胎児のチャクラ

魂が受精卵に入り、チャクラ、オーラも成長していく。その過程で母親の感情の影響を受けるが、たくさんの光の存在が胎児を見守り続ける。

胎児は中間世での記憶や今世の目的を覚えているが、やがて肉体が形成されるにつれて肉体意識が強くなり、次第に記憶が薄れていく。(P.201 参照)

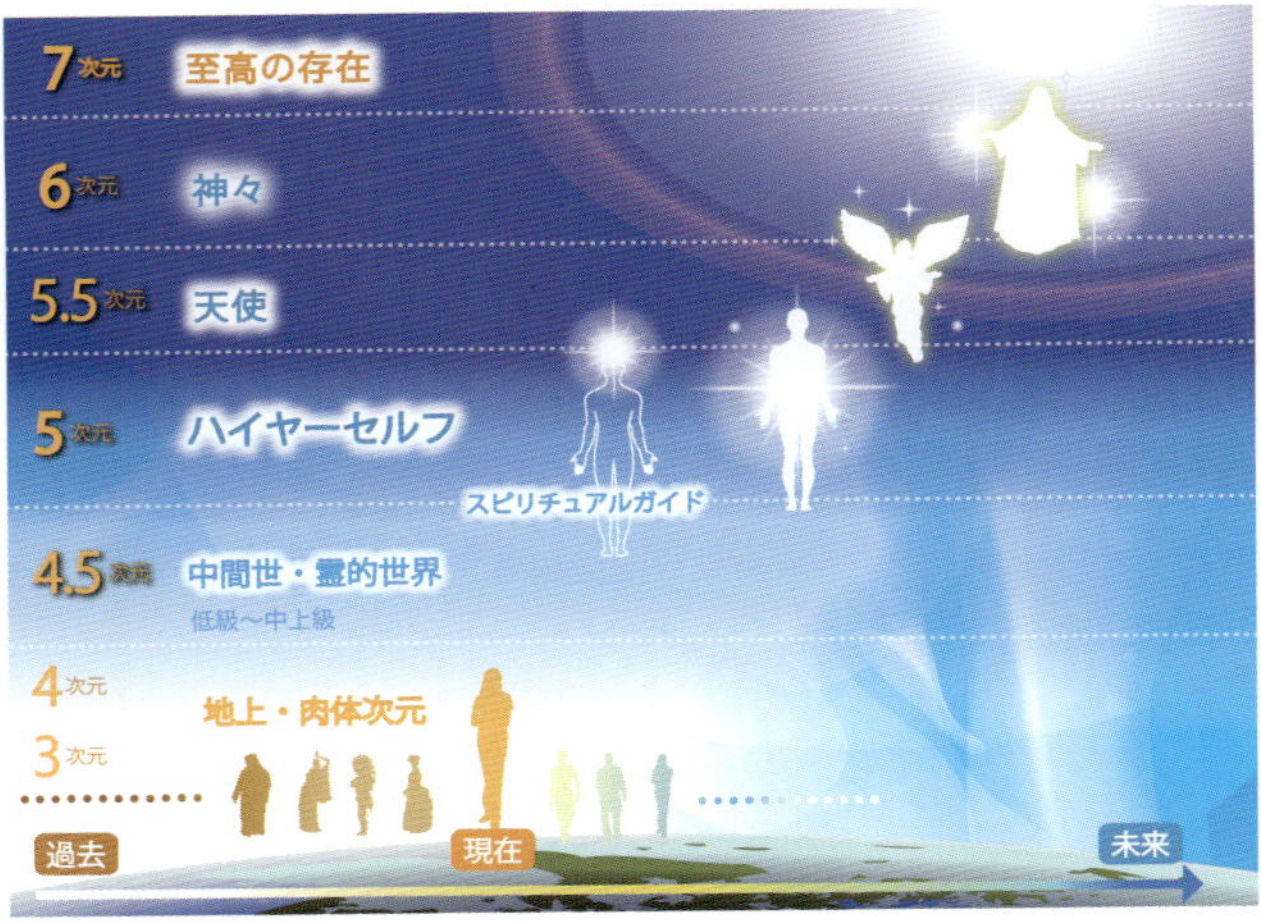

次元の違い

私たちの生きる次元は３～４次元、生まれ変わりの場所、霊的世界は 4.5 次元。生まれ変わりの旅を幾度も繰り返すことで、体験と学びが増え、次元が上昇し、最終的には至高の存在と一つになる。第３章「神聖な存在からの導き」より

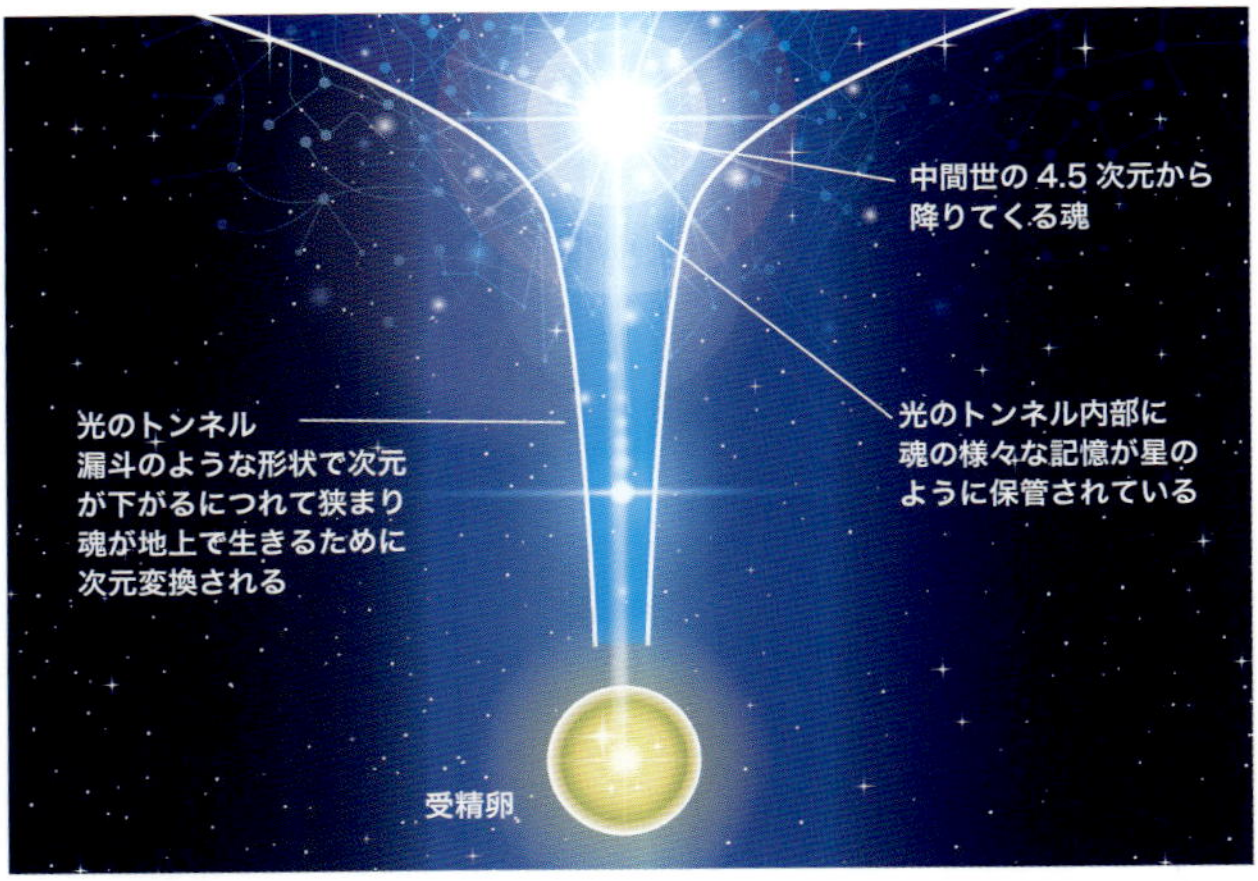

魂と光のトンネル

魂は、生まれ変わりの際、中間世から光のトンネルを通って次元変換される。次元が地上の意識に降りるにしたがって、必要最低限の記憶以外は、光のトンネルに預け、地上に降りる。地上に降りて人生をはじめた後は、夢や高い瞑想意識になったときにこのトンネルにつながり、記憶が引き出される。

第５章「胎内記憶からの貴重なメッセージ」より

失われた魂の記憶を
取り戻す旅

MISSING LINK
ミッシングリンク

Kaoru Takaesu
高江洲 薫

プロローグ

失われた記憶を求めて、魂の進化をたどる旅

アフリカ大陸を縦断する巨大な大地の裂け目、大地溝帯。ケニアとタンザニアの国境近くにあるオルドヴァイ渓谷は、英国の人類学者ルイス・リーキー博士が、旧人類の化石を発掘した場所として知られています。

まさしく、類人猿から人への進化をつなぐミッシングリンク（失われた環）がこの地で発見されたのです。

１９８４年、初めてアフリカを訪れた私は、人類発祥の地と言われるオルドヴァイ渓谷に立ち、目に見えない大いなる力に圧倒されました。

人は、どこからきてどこへ行くのか。人とは、何者なのか。

渓谷の谷底にたたずむ私の目の前には、100メートルほどの切り立った崖に描かれた流線型の模様、つまり400万年もの歳月によってつくられた地層が迫ります。それを見上げながら、私はただただ涙が止まりませんでした。

気の遠くなるような時間を経て、数えきれないほどの生命が進化してきたことに思いを馳せました。そのつながりの果てに、こうして自分は存在している。大いなる存在に生かされているという言葉にできない感動が込み上げます。

目の前の地層から宇宙の摂理を垣間見た私は、途方もない生命の歴史に触れ、心の目が開かれました。その体験こそが、私にとっての「失われた魂の記憶」を取り戻す旅へのはじまりだったのです。

ミッシングリンク（失われた環）とは、人類進化の空白期間を指すだけでなく、魂の世界における〝意識の奥底に眠る真実〟でもあります。

私にとってのミッシングリンクは、過去世と現世をつなぐ生まれ変わりの歴史、すなわち「失われた魂の記憶」そのものでした。

人は皆、ミッシングリンクを探しています。なぜ、私たちは無意識のうちに自らのルーツを追い求めるのか。それは魂の深いところで、自らが神聖な存在であることを理解しているからに他なりません。永遠不滅の魂をもつ私たちは、何度も生まれ変わりながら、神聖な存在としての自分を取り戻そうとしている。その真実を、じつは誰もが直感的に知っているのです。

それでは、この地上で生きる前のあなたの魂は、いったいどこにいたのでしょうか。あなたはどこから来たのでしょうか。どのような理由でこの世に生まれ、現在の性別となり、家族を選び、仕事を選んだのでしょうか。そして、この人生を終えた後はどこへ行くのでしょうか。

それらの「失われた魂の記憶」を取り戻したとき、あなたは自らの神聖さにはっきりと気づくでしょう。

私たちは数えきれないほど生まれ変わり、いまここにいます。その「失われた魂の記憶」(ミッシングリンク)を解き明かせば、自らの命がいかに奇跡的で尊い存在であるかがわかるでしょう。それと同時に、自分は何のために生きているのか、この世に生まれた目的は何かを思い出すことができるのです。

1998年、私はインドに向かう飛行機のなかで、大切なメッセージを受け取りました。

お前の使命は、過去を解き明かし、未来を語り、癒す者である。

突然のことに戸惑い、あたりを見回して声の主を探すと、再び「上を見なさい」との言葉。すぐさま機内の天井をあおいだ私の目の前に、星の瞬く宇宙空間がフワッと広がったのです。そこに浮かんだスクリーンには、私が誕生してから現在までの〝生命の歴史〟がパノラマ図となって映し出されていました。

そのパノラマ図は、私の誕生という起点からさらに時代をさかのぼり、今度は1億4110年前までの〝魂の歴史〟を展開しはじめました。

ストーリーがたどり着いた先は、水のなかに浮かぶクラゲです。つまり、1億4110年前の私は、一匹のクラゲだったのです。

このように、私の魂は水中生物からはじまって陸に上がり、小さなげっ歯類などのあらゆる進化の過程を経て、生き物のなかではもっとも大きなシロナガスクジラを体験。そして、最終的に人間として生まれ変わりました。この壮大な「失われた魂の記憶」(ミッシングリンク)を、私は瞬時にしてたどったのです。

つい先ほど体験した出来事と何ら変わらない状態で、私のなかには1億4110年もの歳月によって積み重ねられた過去世の記憶が存在し、その一つひとつをありありと思い出すことができます。

これは私が特別というわけではなく、ミッシングリンクを取り戻したかどうかの違いに過ぎません。人は誰しも、心の奥底に膨大な数の記憶を抱えていますが、多くの場合、それらは封印されたままなのです。

なぜ、人は生まれ変わるのか。なぜ、人は生きるのか。

その理由は、魂がより多くの体験を求めるからです。そこに成功や失敗などの価値観をはさむ必要はなく、さまざまな体験を通じて魂が成長することで「神聖な存在としての自分」に再び目覚めることが大切なのです。

あなたの人生を、一篇の映画にたとえてみましょう。たったワンシーンでしかない出来事に一喜一憂することは無意味にすら思えてくるはずです。

どんな状況であっても、人は生まれ変わりをくり返しながら確実に神聖な存在へと向かっていきます。

ミッシングリンクを取り戻すと、人はどうなるのでしょうか。

答えはただ一つ。「本当の幸せ」を手に入れることができるのです。

ミッシングリンク
失われた魂の記憶を取り戻す旅　目次

第2章 聖者との時を超えた出会い

第3章 神聖な存在からの導き

第4章 中間世でのソウルメイトとの再会

第5章 胎内記憶からの貴重なメッセージ

最終章
失われた魂の記憶を取り戻して、未来へ

エピローグ

第1章

起こることすべてに意味がある

MESSAGE

人は、ときに思いもよらない出来事を通して
魂の目的を思い出そうとします
人生で起こった一つひとつの出来事に無意味なものなどなく
時が経つほどに、それがいかに深い意味と導きをもっていたか
という事実に気づくことができるのです

沖縄で過ごした少年時代の思い出

福島県の田舎町に生まれ育った私は、スピリチュアルな世界とは縁遠い幼少期を過ごしましたが、小学校2年生のときに父の仕事の関係で沖縄に移り住んでから、人の死というものを意識しはじめました。

沖縄では、見るもの聞くものが初めてのことばかりでした。

たとえば、当時通っていた小学校の近くには、たくさんの遺骨が放置されたままの太平洋戦争時代の塹壕《ざんごう》が残っていました。

まだ子どもだったこともあり、戦争の歴史についてはあまりわかっていませんでしたが、沖縄が日本において唯一の地上戦を強いられた場所であるということは、島中に点在する戦争の遺跡が物語っていました。

それまで人の死を間近に感じたことがなかった私は、弔う者のいない遺骨をあちらこちらに見つけては、強い衝撃を受けたことを覚えています。

沖縄に暮らす祖母からは、太平洋戦争での壮絶な体験の数々を聞かされました。当時の日本軍は地元住民に無理難題を押しつけ、敗戦が濃厚になると「自害しろ」と命令し、多くの人が集団自決などで亡くなったそうです。

人は、死んでしまう――。

戦争の話がきっかけとなり、なぜか私は、大好きな母が亡くなってしまうことへの言い知れない恐怖を感じました。そして、不思議な夢をたびたび見るようになったのです――。

馬車に乗せられた少年が、母を求めて泣いている。小さな窓から外に向かい、必死になって「助けて！」と叫んでいる……。

ストーリーの前後は覚えていないのですが、あまりにもリアルな情景に、泣きながら飛び起きたこともありました。実際には馬車に乗った経験などなかった私ですが、夢のなかで必死に助けを求めていたその少年は、「いまとは違う姿の自分」だという根拠のない確信があったのです。

その夢にはいったいどんな意味があるのか、興味は尽きませんでしたが、兄や姉にたずねても取り合ってもらえません。そのうちに夢も見なくなり、徐々に関心が薄れていきました。

もう一つ、子どもの頃の忘れられない体験があります。沖縄で〝ユタ〟と呼ばれる霊能者だった叔母（父の姉）が、特殊な能力で相談者に関係する霊を降ろし、メッセージを伝えるという場面に立ち会ったことです。

それを目の当たりにした私は、「人は、死んだら霊になるのか？」「どうして叔母は、亡くなった人の霊と交信ができるのか？」と頭の中が疑問だらけになりました。死後の世界について興味を抱きながらも、目に見えない存在には得体の知れない怖れを感じたものです。

しかし、それ以外はごく一般的な少年としての日々を過ごし、中学生になると野球の部活動に熱中。高校では、ただひたすら甲子園に行くことを夢見て、練習に明け暮れる日々を送りました。

✳聖書の教義に疑問をもち葛藤する日々

高校卒業後、何度か大学受験に失敗したものの、改めて獣医科のある大学を受けるために上京し、予備校へ通いはじめました。獣医師を目指したきっかけは、「動物が好きなので、それを生かす仕事がしたい」と希望したからです。

ところが、人であふれかえる東京の街にはなかなか馴染めませんでした。皆がいつも忙しそうに、どこかへ向かって足早に立ち去っていく。自分に自信がなかった私は、いつも人混みのなかで取り残されたような気持ちになりました。

生活に疲れ果ててしまい、予備校へ通うことにも苦痛を感じるようになりました。友だちもできず、目標を見失った状態のまま一人で部屋に閉じこもるようになったのです。受験への焦りや不安はありましたが、勉強に集中できない状態が続いていました。というのも、もう一人の自分が「私はいったい何者なのか？」とささやき続けている……。そんな感覚に付きまとわれていたからです。

私は、どこから来たのか。そして、どこへ向かおうとしているのか。

この状態を抜け出すには、どうしたらいいのか……。私は悩みに悩んだ末、「宗教であれば、答えが見つかるかもしれない」との一案を思いつきました。それまで宗教に興味をもったことはなかったのですが、とにかく自分を変えたい一心で藁にもすがる思いでした。
その後しばらくして、私は外国人の宣教師に導かれ、キリスト教の教会員になりました。教会員の皆さんの温かな人柄に触れたのも、入信を決めた理由の一つです。
人生で初めての信仰であり、入信してすぐは新鮮さを感じましたが、間もなくして「聖書の内容を、自分はすでに知っている」という不思議な感覚にとらわれました。実際にはキリスト教を学んだことなど一度もありませんでしたが、「どこかで学んだことがある」とはっきり思えたのです。

その後、大学の獣医科に合格した私は、教会員と学生という二束のわらじで多忙な日々を送ることになります。

教会では指導的立場となり、さまざまな責任を与えられました。神を信じることの大切さやイエス・キリストの偉大さについて、多くの教会員の前で話をすることもありました。その際、壇上に立ったときも「以前、同じことをやったことがある」という不思議な感覚になるのです。

実は、この話には後日談があります。2世代前の過去世で、私は牧師をやっていたという事実が判明するのです。牧師だった頃の過去世の記憶が影響し、どこか懐かしさがともなう既視感《デジャブ》を覚えたのでしょう。

しかし、まだ過去世のことなど知らなかった当時の私は、奇妙な感覚に首を傾げてばかりいました。そんな体験も、多忙な日々のなかでいつしか意識下に沈み込んでいくのです。

教会での指導者という役割には喜びとやりがいを感じていた一方で、大学での勉強には問題が生じていました。

大学では私が望んだような講義はなく、教授の著書を引用するだけの退屈な内容に飽きしてしまったのです。

「こんなはずではなかった。もっと動物と直接かかわり合う勉強がしたかった」

そう考えた私は自分で学ぶことを決心し、講義にはほとんど出席せず、動物園の野外研修に通い、図書室で動物の生態学や行動学、進化論などの本をむさぼるように読みはじめました。すると、その内容を知れば知るほど、教会で教えている聖書の教えとの違いに葛藤するようになっていったのです。

聖書ではアダムとイブが人類の祖先であり、すべての人間はここからはじまったと説いています。動物についても、人の役に立つために神が創ったものであり、大洪水が起きた際にはノアの箱船によって地球上の全種類の動物が救われたと記されています。

しかし、行動学や進化論などの分野を自分で学べば学ぶほど、私には聖書の内容がにわかには信じがたいものに変わっていったのです。

アダムとイブは、本当に人間の祖先なのだろうか？　聖書の教えが間違っているとしたら、人類の祖先とはいったい何なのか？　一般的に言われているように、動物が進化して人になったのだろうか？　そのような疑問が次から次へと浮かびます。

生命の進化に関する謎に挑むかのように、私は人類学の書物をむさぼるように読みましたが、明確な答えは得られませんでした。

当時の私にとって信仰生活は何よりも大事なものであり、イエス・キリストの偉大さも心から信じていました。だからといって、アダムとイブ説やノアの方舟説など、聖書の内容をそのまま鵜呑みにするわけにはいきません。

それと同時に、神はどこにいるのか？　神はどのような姿をしているのか？　人はどこから来てどこへ行くのか？　人は生まれ変わるのか？……などなど尽きることのない疑問があふれ出てきます。

尊敬すべき教会員の一人にそれらのことをたずねてみても、「高江洲兄弟、そのようなことを考えるのは、決して神が喜びません。大切なのは信じることです」という答えが返ってくるだけでした。

どの教会員にたずねても答えは変わらなかったため、「二度とそのような質問はするまい」と、いつしか追求することをあきらめるようになりました。

神聖な声の導きにより獣医師の試験に合格

私が獣医師になろうと決めたのは、動物が好きで、とくに野生動物関係の仕事に憧れていたからです。

いよいよ就職活動の時期を迎えた私は、公立動物園の獣医師を目指しましたが、それは欠員が出ない限り募集もされないという狭き門です。北は北海道から南は鹿児島まで、動物園の採用担当者に会いに出かけましたが、結局は卒業するまでに欠員が出そうになく、あきらめざるを得ませんでした。

続いて、私はあるサファリパークの面接を受け、獣医師の国家試験に合格すれば内定がもらえる段階までこぎ着けました。


ところが、この内定見込みを自ら断ることになるのです。

私が所属していた教会では、毎週日曜日を礼拝にささげる安息日と決めていました。教会の責任者だった私も、日曜日は必ず教会の活動に参加してきたため、就職してもその生活を変えるつもりはありませんでした。

そこで、サファリパークの園長に「もしも就職が決まったら、毎週日曜日は（午前中に教会へ行くため）午後出社にしてほしい」と相談したのです。

とはいっても、サファリパークにとって日曜日はかき入れ時です。

園長の返答は、「将来きみが十分責任を果たし、周りから認められるようになれば、教会へ行くことも許可できるだろう。しかし、入社していきなり日曜日に半日休ませるわけにはいかない」というものでした。

安息日を守るべきか、仕事を優先するべきかを悩みましたが、私は「神との約束を守ろう」と決意し、断腸の思いで内定見込みを断ったのです。

結局のところ、私は生まれ故郷の福島で家畜を診療する産業動物獣医師になるために、共済組合の職員として就職することに決めました。

野生動物に関係する仕事を希望していた私にとって、家畜の診察はまったく興味がもてない分野でした。

野生動物の仕事をしながら、いずれはアフリカに行って研究を深めたい……と長年思い描いてきた自らの夢。それが断たれたことで、「教会など、入信しなければよかった」という後悔の念がよぎることさえありました。

そんな私の心境をよそに、教会での責任ある仕事は次々とやってきます。

やはり、神の戒めを守るために教会員として生活することこそが、神の御心なのだ。そう理解した私は、気持ちを改めて、獣医師の国家試験を受けるための準備をはじめたのです。

資格取得のための勉強は、ラクなものではありませんでした。なぜなら、大学の講義を受けるよりも、動物園での研修におもな時間を費やし、それ以外の時間はすべて教会の活動に当てていたからです。当時の私には、動物と直接関わる園での研修、そして信仰生活が生きる上でもっとも大切でした。

どうしても勉強不足の感は否めず、正直なところ、国家試験に受かる自信もなかったのです。

そんな矢先に、不思議なことが起こりはじめました。

机に向かっていると、どこからともなく「お前は、獣医師の国家試験に合格します。お前は、獣医師として働くようになります」という声が聞こえ、それが何度もくり返されるのです。

過去にも、声らしきものを聞いたという経験はありましたが、そのほとんどが教会の壇上で教義を行う際に伝えるべき言葉がひらめいて降りてくるという感覚でした。とくにクリスチャンとしての生き方を語るときには、高い存在から言わされているという導きを感じたのです。

ですから、このような私個人に向けての声のメッセージは初めての体験でした。もしかしたら、私の祈りに神が応えてくれたのかもしれない……。

心のどこかでそう期待しながらも、「いや、思い込みだろう」とすぐさま打ち消すことをくり返してばかりいたのです。

ところが、しばらくするとその声は、筆記試験での注意点や解答のしかたなどのアドバイスを伝えてくるようになったのです。実技試験については「10問中7問を正解し、お前はそのことを間違いなく知るでしょう」と予知までするのです。

その内容があまりに具体的だったので、「やはり、神の声に違いない」と確信した私は、「安息日を守る者として、声のお導きにしたがい、必ず合格できるように頑張ります」と心のなかで感謝の言葉を捧げました。

いよいよ受験日当日、答案用紙と向き合った私は、いきなり頭の中が真っ白になりました。予想を立てて取り組んできた問題傾向が大きく外れてしまったのです。

焦りはピークに達し、必死な思いでコンタクトを取りました。

「神よ、これでは正解できません！　入試に受かるというメッセージは、私の思い込みに過ぎなかったのでしょうか？」

すると、あの声は答えてくれました。

「問題をよく見なさい。これまでにお前が実際に学んできたことを書けばよい。大学での講義の内容を思い出しなさい。そうすればお前は解答できるだろう」

私は心を落ち着かせ、講義で学んだことの一つひとつを思い出しながら答えを書き込んでいきました。そして、筆記試験の終了後に友人と答え合わせをすると、ほぼ合格ラインには達していたのです。

続いて実技試験に臨み、試験終了後に答え合わせをすると、10問中7問を正解していることがわかりました。見事に予知が当たったことで、あの声が神の導きであることの確信をますます深めたのです。

こうして私は国家試験に合格し、晴れて獣医師となりましたが、私の代わりにサファリパークへ新卒入社した者がいることを聞いて、一抹のさみしさを感じずにはいられませんでした。

そんな私を慰めてくれるかのように、神聖な声はこう伝えてきたのです。

「お前の願いは、将来、必ず聞き届けられるだろう」

メッセージを受け取った私は、「たとえ希望とは異なる仕事であっても、神を信仰する者として、お言葉を信じ、福島で産業動物獣医師としての生活を精一杯努めていきます」と心に誓ったのです。

神の祝福を受けて思い描いた夢が次々に叶う

福島で産業動物獣医師として働きはじめた私は、しばらくして同じ教会員の女性と結婚し、娘にも恵まれました。

その一方で、アフリカの野生動物が映ったテレビ番組などを見るたびに、このまま産業動物獣医師で終わってしまっていいのか……という焦りも生じます。

夢を叶えられないかもしれない。そんな不安を打ち消すように、私はただひたすら「神の戒めを守り、神の子としての人生を歩みますので、どうか野生動物に関係する仕事に就かせてください」と祈り続けました。

当時、野生動物と関わることのできないさみしさを埋め合わせるために愛読していたのが、平凡社の月刊誌『アニマ』です。野生動物の生態や自然保護に関する記事が掲載され、それらを夢中で読みふけるたびに、野生動物への熱い思いが掻き立てられました。

産業動物獣医師となり5年が経ったある日のこと。私に大きなチャンスが巡ってきました。月刊誌『アニマ』の裏表紙に載っていた「動物専門学校の獣医師募集」の記事が目に飛び込んできたのです。さっそく問い合わせ先に電話を入れると、すぐに面接してもらえることになりました。

そして面接日当日、専門学校の理事長は、私の顔を見るなり「きみのような人が必要だ。

4月から学校がはじまるので来てください」と言うのです。その言葉を聞いた私は、心が躍るような気持ちになり、「はい、わかりました。よろしくお願いします！」とすぐさま返事をしていました。

帰宅後に妻へ報告すると、日頃から私が「野生動物の仕事をしたい」と語っていたこともあり、東京への転居も喜んで承諾してくれました。

しかし、両親の反応は違っていました。準公務員である産業動物獣医師の仕事を辞めて専門学校の職員になれば、安定した収入を捨てることにもつながるため、転職には反対だったのです。

職場の上司も、私が転職することに難色を示しました。当時の私は、診療所の獣医師として2年間働いた後、共済組合の団体本部に移り、農林水産省との連絡役や企画運営を任されるような立場になっていました。誰もが私のことを「そのまま順調に昇進して、管理職に就くに違いない」と考えていたのです。

それでも、私の決意は揺るぎませんでした。就職を希望する専門学校には、野生動物関係の学科があったからです。

もうこの道しかない！ そう考えた私は、周囲の人々に詫びながら故郷・福島を後にしました。


準公務員という立場からの転職を決意した私のことを、専門学校の理事長はことのほか目をかけてくれました。課長待遇で迎えられただけでなく、埼玉県所沢市に広い庭付きの一軒家も用意され、福島で飼っていた動物たちをそのまま飼い続けることのできる環境が与えられたのです。

さらには、ずっと飼ってみたかった珍しい動物を学校の費用で飼育することも許され、実習所を兼ねた飼育施設を自宅敷地内に建てることができました。


その後、学校運営の責任者として抜擢された私は、理事長に同行してアフリカへ研修に行くことも決まりました。

こうして入社後わずか半年で、長年の夢が次々と叶う結果になったのです。

「神の教えを守る者は、必ず祝福される」

恵まれた環境を手に入れた私は、あのときの声を思い出しました。神は、その言葉通りに私の望みを叶えてくれたのだ。福島での5年間は、神の教えを守ることができるかどうか、試された期間だったのだ……。そう理解した私は、神に深い感謝の祈りを捧げたのです。

人類発祥の地で目覚めた新たなる使命

夢にまで見たアフリカ大陸。私はその赤い大地を踏みしめながら、神が私との約束を果たしてくれたことを実感しました。

最初に訪れたのは、四国ほどの面積があるタンザニアのセレンゲティ国立公園。広大なサバンナには、ありとあらゆる野生動物が群れをなして生息しています。躍動感あふれる野生動物の命の輝きに、ただただ驚き感動しました。

いずれはこの地で、野生動物の仕事とその研究に携わりたい。改めてそう願わずにはいられない、理想的な環境だったのです。

続いて訪れたケニアでも、サバンナに生息する野生動物を観察し、その後は情報収集のために国立博物館を訪れました。そこで私は数ある展示物のうちの一つに目を奪われたのです。それは古人類学の権威ルイス・リーキー博士が発掘した、人類の祖先につながるとも言われる原人の頭蓋骨の化石でした。

200万年という時を経た原人の化石は、言葉ではない何か別の方法で私に語りかけているようでした。化石と対峙した瞬間、「もう避けて通ることはできない……」との思いがフッと脳裏をかすめたのです。

振り返れば、これまでずっと聖書の内容と進化論との矛盾に葛藤し続けてきた自分がいました。

人は、どこからきてどこへ行くのか。人とは、何者なのか。

真実を求め、読みあさった人類学の資料の数々。そこに記されていた人類の歴史を、いまこうして原人の化石が証明してくれているのです。その事実を目の前にした私は、興奮と感動で体が打ち震えました。

自分の奥深くにある何かが目覚めようとする気配を感じながら、時を忘れたかのように、人類進化の謎を解き明かすその化石を見つめ続けました。私にとっては、まさしく置き去りにした過去との邂逅《かいこう》だったのです。

生命の歴史を知りたい。生命の真実を知りたい。

そんな熱い思いに応えてくれるかのように、急きょ旅の目的地が変わりました。ルイス・リーキー博士が化石の発掘を行っていた、オルドヴァイ渓谷を訪れることになったのです。このときは間違いなく、大いなる存在の導きがあって現実が動いたのでしょう。

再びケニアの国境を越えて、私は人類発祥の地と言われるタンザニアのオルドヴァイ渓谷を訪れました。そして、発掘現場を見学する許可が特別に下り、歴史的な発見が行われた谷底に立つことができたのです。

人類進化の謎を解くために情熱を燃やした人類学者たち。彼らの努力の果てに、類人猿から人への進化をつなぐミッシングリンク（失われた環）がこの地で発見されました。目の前にそびえ立つ100メートルもの崖には、巨大な地層を見ることができます。何層も重なったその地層には、気の遠くなるような地球と生命の歴史、そして人類の歴史が刻み込まれているのです。

その真実が圧倒的なエネルギーとなって、私の魂を強く揺さぶりました。

聖書の記述内容と実際の史実との違いに戸惑った日々。数々の書物で展開されてきた人類史の諸説……。疑問を抱き続けてきた私は、こうして遺跡にたたずみ、ようやく一つの答えにたどり着くことができました。

「神がいることは疑わないが、やはり人類は、進化して現在に至っているのだ。この真実を見過ごすわけにはいかない！」

と同時に、次のような新たな疑問も浮かんできたのです。

「それでは、人の魂はどこから来たのか？　魂も、生まれ変わりながら進化していくのではないか？」

人類の歴史と進化ついて真実に触れた私は、さらにその奥にある魂の歴史と進化についても、ぜひ解明したいという思いが芽生えました。そして、魂の記憶こそが「人は、どこからきてどこへ行くのか」「人とは、何者なのか」という究極の謎を解くカギであることにも気づいたのです。

「いつか、魂の大いなる謎を解き明かす者になる」

私は、人類発祥の地・オルドヴァイ渓谷でそう決意しました。

耐えがたい喪失感と絶望の日々

アフリカへの研修旅行から帰った数カ月後には、２度目の研修で再びケニアを訪れる機会に恵まれました。妻には、アフリカでの素晴らしい体験を語って聞かせ、当時２歳半だった娘にも「いつかきっと、アフリカに行こうね」と話していました。

しかし、その願いを果たすことはできませんでした。

思い描いてきた夢が次々と叶い、順風満帆の日々を送る私に、人生を完全に変革するほどの大きな試練が与えられたのです。

1984年1月19日、2度目のアフリカ研修から帰国して1週間も経たない頃のことでした。

関東地方が大雪に見舞われたその日、自宅敷地内に併設された飼育施設では、動物たちが雪に埋もれて身動きが取れなくなっていました。そのために私は雪が激しく降りしきるなか、深夜まで雪かきをしていたのです。

ようやく作業を終えて、自宅へ戻ろうと振り返った瞬間、炎に包まれた自宅が目に飛び込んできました。

2階で寝ているはずの妻と娘を助けなければ！

我を忘れて走り出し、炎のなかへ飛び込んだ私は、暗闇を手探りで前進しました。ようやく2階にたどり着いて横たわる妻を発見しましたが、すでに意識はありません。そして、娘の姿はどこにも見当たらないのです。

吹き上げる熱風と炎で、容赦なく体が焼かれていきます。必死でもがきながら救出を試みましたが、とうとう息苦しさと猛烈な痛みに耐えかねて、窓を蹴破り2階から外へ飛び降りたのです。

火だるまとなった私は全身の30%以上が焼けただれ、包帯でぐるぐる巻きにされた状態で3日間意識を失い、薬によって眠り続けました。

目が覚めた私を待っていたのは、激痛と悪夢のような現実でした。

その日を境に、私はすべてを失ったのです――。

2カ月弱の入院生活で、私は痛みに苦しみ抜きました。全身やけどの体よりも、心の痛みのほうが耐えがたいものでした。呼吸ができないくらい、激しく心が痛んだのです。

私の様子を見かねた看護士からは、こう懇願されました。

「あなたはいま相当な痛みがあるはずです。どうか我慢しないで、痛み止めを打ちましょう！」

それでも私は、誰にも「痛い」とうったえることはありませんでした。肉体の痛みが消えれば、心の痛みがさらにひどくなるのではないか……という怖れがあったからです。体の痛みがあったほうが、心の痛みは和らぐ気がしました。それに自分は「この痛みと苦しみがふさわしい存在」だと思っていたのです。

担当医は、顔の皮膚や角膜が焼けてしまった私に、皮膚を移植するよう伝えてきました。しかし私は、「家族を助けられなかった自分が、失明したり、ケロイド痕が残る醜い姿になることは当然の報いだ」という思いもあり、積極的に治療を受ける気持ちはありませんでした。自暴自棄になっていた私にとって、重症という状態は、かえって都合がよかったのです。

ところが、痛み止めなどの薬を拒否したことで自然治癒力が高まり、皮膚や角膜はみるみる再生され、皮肉なことに体だけは順調に回復していきました。

退院後、職場復帰してからも心の傷が癒えることはありません。家族を亡くした悲しみは、日を追うごとに募るばかりです。

とくに仕事を終えて明かりの消えた自宅に戻ると、胸が張り裂けそうな悲しみに襲われました。愛する妻や娘との温かな語らいの日々が昨日のことにように思い出され、耐えがたい孤独を味わうのです。

敬虔《けいけん》なクリスチャンだった私は、悲しみのあまり、毎日泣きながらイエス・キリストに問い続けました。

「入信してからずっと、多くの人の幸せを祈り続けてきました。断食もしました。毎週教会に通って、自分の務めを熱心に果たしてきました。そんな私が、なぜこんな目に遭わなければならないのですか？　なぜ妻と娘を助けてくれなかったのですか？　これは私に対する罰なのですか？」

主よ、あなたの祝福に感謝します——という祈りの日々が火災事故から一転、神への怒りと不満に変わっていったのです。

その一方で、私は自分自身を責め続けることも止めませんでした。

なぜ、あのまま焼けこげて死ななかったのか。どんなに苦しくても、妻や娘と一緒に死ぬべきだった。夫として、父親として情けない！

愛も希望もすべてを失い、生きていく意味がなくなった私は、自殺という言葉が頭をよぎるほどに追い詰められていたのです。

これまで「自殺する人の気持ちなど、まったく理解できない」と思ってきたはずなのに、高い場所や駅のホームに立つたび、「ここから身を投げたらラクになれるだろうな……」とぼんやり考えている自分がいます。

人に迷惑をかけるとわかっていても、「命を絶って、この人生を終わりにしたい」という欲求が勝ってしまう……そんな状態がしばらく続きました。

✳亡き娘の魂が希望へ導いてくれた

正誤表

最終章	誤：森蔦医師 正：森蔦《もりしま》医師

お名前の字に間違いがありました。
訂正し、お詫び致します。

火災事故から1年が経った頃のこと。生きる気力が失われていた私の意識を大きく変える出来事が起こりました。

亡くなった娘が、私の前に現れたのです。

ある晩、眠りにつこうとしていた私は、枕元に誰かがいる気配を感じました。小さく、そして穏やかな存在です。不思議な感覚に誘われるまま視線を向けると、そこには亡くなったはずの娘の姿が浮かんでいます。

もだえ苦しむ父を救いたい気持ちから、死という現実を乗り越えてその姿を見せてくれたのでしょう。

娘は、生前のままの愛らしい表情で私を見つめ、こう言いました。

「パパ、亡くなった人よりも、残された人のほうがつらいんだよ。だからもう、これ以上悲しまないでね。ママと私は神さまの元へ行くから大丈夫、心配しないでね」

娘の懐かしい声に、感情が大きく揺さぶられました。

「パパ、死ぬっていうのは、セミの幼虫が背中を割って抜け殻から飛び立つのと一緒なんだよ。ママと私は苦しくない。残されたパパが、いちばんつらいんだよ」

娘の姿とその言葉に、暗闇のなかの一筋の光を見た気がしました。そして、生き続けるパワーをもらったのです。

亡くなった娘に、心配をかけさせてはいけない。嘆き悲しみながら生きるよりも、意識を切り替えて、この人生の目的を達成するために命をかけよう。そう新たな決意をすることができました。


人は、どこからきてどこへ行くのか。人とは、何者なのか。


亡き娘との再会により、10代の頃からずっと追い続けてきたテーマが揺るぎないものとなり、この謎の解明こそが人生の目的であると再認識させられました。

もう逃げることはできない。ようやく私は覚悟を決めたのです。

その瞬間、私のなかに火事のときの記憶がパッとよみがえりました。これまでずっと思い出すこともなかった出来事です。

私はそのとき、神の声をはっきりと聞いていました。

炎に巻かれ窓を蹴破って外へ飛び降りた私は、大きな火柱と化した自宅を前に立ちつくし、「どうか、妻と娘を助けてください！」と泣き叫びました。神様は、炎のなかに妻と娘を置き去りにするはずがない。そう信じたからこその、祈りと絶叫でした。

大やけどを負った状態のまま、救急車での搬送も拒否し、消火活動を見守りながら長いあいだ立ちつくしていると、突然、あの声が聞こえたのです。

「お前の妻と娘は、安全な場所にいる」

落ち着きのある、確信に満ちた声でした。そうか、２人は火から逃れて別の場所へ避難しているに違いない。私は傍らにいた消防士に「妻と娘がどこかへ逃げているはずです。どうか探してください！」と頼み続けました。

鎮火後、燃え尽きた瓦礫から遺体が運び出されたときにも「妻と娘であるはずがない」と思いましたが、炭のような状態の２人の遺体を確認し、現実を受け止めざるを得ませんでした。

妻と娘は、安全な場所にいる。

その言葉の意味が、娘からのメッセージでようやく理解することができました。神は、私にうそをついたわけではなかったのです。

絶望の先に見えた一筋の光。それは肉体を超えた、亡き娘との魂のつながりでした。肉体は滅びても魂は永遠に生き続ける。目に見えない世界が確実に存在することを、私は娘から教わったのです。

ときに人は、人生を大転換させられるほどの困難に見舞われます。多くの場合「なぜ、私ばかりがこんな目に遭わなければいけないんだ!」と憤り、嘆き悲しみますが、この「なぜ」という問いには必ず答えがあります。つまり、身に起こる出来事にはすべて原因があるのです。

私自身、呼吸することさえ苦しくてたまらないという究極の試練を体験したことにより、大きな学びを得ることができました。

どんな状況であれ、私たちは不幸になるために生きているわけではありません。思いもようないことや望まないことが起きても、すべての体験は幸せになるためにあるのです。

生きるとは、どういうことか。そう問い続ければ、必ずや答えは得られるでしょう。身のまわりの環境や起こることすべてに意味があることも、はっきりと腑に落ちるはずです。

条件はただ一つ、自分を愛すること。

愛する家族を失った私は、自分を否定し、愛することを忘れ、身も心もボロボロになりました。その試練を乗り越えたいま、どんな状況であろうとも、自分を愛することを忘れてはいけないとの確信があります。

人生では、絶望の淵に立たされ、自ら命を投げ出したくなることもあるかもしれません。それでも、自分を愛することは決してあきらめないこと。この唯一の条件さえ守っていれば、のちの人生は大きく輝いていくのです。

身に起こる出来事には、何か意味があるに違いない。神は、重要なことを私に気づかせようとしているのだ。私はいま、目覚めなければならない……。

亡き娘との交流により、私はそう気づくことができました。

人生の目的、この世に生まれてきた本当の意味を見つめ直すことは、誰にとっても劇的な体験です。私自身、言い知れない不安や恐怖をともないましたが、結果として、真にスピリチュアルな世界へ向かうきっかけが与えられたのです。

自分の人生を真正面から受け入れ、その後に大きな変革を遂げるためには、絶望を体験する必要があるのかもしれません。よほどの出来事が起こらなければ、人は命がけで魂の成長を求めようとはしないのでしょう。

とはいっても、気づき方は人それぞれです。私の身の上には、たった1回で完全な変革が起きるような衝撃的な出来事が起こりました。それは1度死んで生まれ変わったようなものであり、すべてを失ったからこそ、最終的に神を信仰する道しか残らなかったのです。

私のようなケースとは違い、小さな困難を積み重ねて少しずつ魂を成長させる人もいるでしょう。与えられた試練についても、病気や人間関係、経済的な問題など人生の目的に応じてさまざまです。

いずれにしても、悩み苦しむ渦中においては「起こることすべてに意味がある」とは信じられないかもしれません。それでも、与えられた試練は成長のための導きであると受け入れれば、間違いなく人生の転換は起こるのです。

人は、どこからきてどこへ行くのか。人とは、何者なのか。

私はこのテーマの解明に向けて、命がけで取り組むことを決意しました。

火災事故からしばらく経ち、私は専門学校を退職しました。そして動物病院を開院し、新たな人生を歩みはじめるのです。

第2章

聖者との時を超えた出会い

MESSAGE

人は、迷いつまずきながらも人生を歩みます
その道のりは辛く険しいものかもしれません
ときにはたった一人で戦っているようにさえ感じます
しかし、私たちは孤独ではありません
答えを求め続けるのなら、必ず導く者が現れるのです

私を使命へと導く聖者との出会い

人生の大転換を迎えたのちに専門学校を辞めた私は、独立して動物病院を開設しました。これまでの家畜を対象とする治療や、専門学校での経験とはまったく違う、家族の一員であるペットの命と健康を守る仕事に就いたのです。

開院した当初は、新鮮さとやりがいをもってその仕事に取り組んでいましたが、次第に西洋獣医学への行き詰まりを感じるようになっていきました。

たとえば、西洋獣医学にもとづいて検査や診察をする場合、動物の動きを抑制するための「保定」を行うことになります。スムーズに処置するためには必要不可欠な行為なのですが、動物に与えるストレスは少なくありません。

また、西洋獣医学での治療といえば、そのほとんどが手術や投薬による対処療法であり、後遺症や副作用というリスクをともないます。そんな現状を目の当たりにしていた私は、

「動物の心身に優しい別の治療法があるはずだ」と思えてなりませんでした。

なぜなら、獣医師として日々たくさんの動物と向き合い、その生と死に触れるなかで、動物には「人間と何ら変わらない心と魂がある」という事実を認めざるを得なかったからです。

健康な動物に対して去勢や避妊手術をするたびに、人間の都合で体にメスを入れられる彼らの悲しみが心の声となって伝わってきます。

動物の心身に優しい治療法はないものか……。そう悩みながら治療を続けてきた私は、あるきっかけで「気功療法」に出会いました。これは気（生命エネルギー）の流れを整えることにより、免疫力や自然治癒力を高めるという方法です。後遺症や副作用もなく動物の心身にはまったく負担がありません。

さっそく気功療法を修得するための合宿に参加しましたが、そこで私は、のちに使命へと導いてくれたある聖者の存在を知るのです。

合宿での講義の際、超能力者としてスライドに大きく映し出されたのが、インドの聖者

「サティア・サイババ」でした。アフロヘアに褐色の肌、鮮やかなオレンジ色のローブをまとったその風貌はじつに印象的でした。とくに彼のまなざしの強さに衝撃を受けたのです。

人間業《わざ》ではないその能力にも圧倒され、「ぜひ、この人に会ってみたい！」という衝動が起こりました。と同時に、なぜか不思議と「この人を、すでに知っている」という感覚が湧き上がってきたのです。

合宿から戻ったあとも、サイババのことが頭から離れません。それほどまでに人生を左右する大事な出会いだったのです。

一方で、「クリスチャンが異教徒の聖者に興味をもつことなど許されない」という現実にも深く悩みました。教会では責任ある役職に就いていた私が、ヒンドゥー教徒の聖者の元を訪れることなど、あってはならないことでした。

それでも私は、サイババに強く惹かれる気持ちを抑えることができません。「私は、あの強いまなざしをずっと前から知っている」という感覚は、やがて揺るぎない確信へと変わっていきました。

実際に、サイババに会いたい。

そう強く願い続けた私は、まるで導かれるように、すぐさまその機会が与えられたのです。ヒーリング能力を高めるために参加したあるセミナーで、サイババに会いにいくツアーが開催されるというのです。あまりの偶然に驚きながらも、迷わずそのツアーに申し込んだ私は、はやる気持ちを抑えきれずに旅の準備をはじめました。

そして1995年9月、サイババのアシュラムを訪れたのです。

✳魂を変容させた南インドでの奇跡体験

1926年、南インドのプッタパルティに誕生したサティア・サイババは、神の化身として人々に奉仕し、さまざまな導きと祝福を与えてきました。南インドにあるそのアシュラム（霊的修行場）には、真理、正義、平安、愛、非暴力にもとづくその教えを学ぶため、世界中から多くの人々が集まってきます。

すべての存在には神が内在している。サイババは、常にそう説いてきました。誰もがすべての人を等しく愛し、助けるように……と。

当時の日本では、超能力ブームだったことも手伝い、サイキックな能力者としてその名が知られはじめていました。何もない空間から、突如としてビブーティと呼ばれる神聖灰や指輪、ネックレスなどを出現させるサイババの映像を見たことがある方も少なくないでしょう。このような物質化だけでなく、病気やケガをその場で治すという奇跡でも注目されました。

じつは、そのような行為はサイババがもつ能力のほんの一部に過ぎません。医療の無料提供や水道設備の供給、学校の運営など現実的な奉仕活動も幅広く行い、彼は社会活動家としても大きな功績を残しているのです。

総勢80名のツアー参加者とともにサイババのアシュラムへ到着した私は、想像していた聖地とはほど遠いその様相にあ然とさせられました。アシュラムの敷地内は清潔に整えられていましたが、その周辺に広がる町では人や物であふれ返り、至るところにゴミが散乱、物乞いをする人も目立ちます。

静かで聖なる環境に恵まれてきたクリスチャンの私は、清濁併せ呑む大国インドの懐に深く入ったことで、これまでの固定観念が大きく打ち破られたのです。

アシュラム内の簡易宿で一泊することになった私は、混沌としながらも見事に調和するこの国の価値観にショックを受け、その夜は一睡もできませんでした。旅の疲れもあり、インドに来たことを後悔しはじめたのです。

しかし、ここまで来たら逃げるわけにはいきません。夜が明ける前に身支度を整えた私は、ほかのツアー参加者とともに、サイババの祝福を受けるための会場へ向かいました。

その場は、すでに一万数千人の信者でふくれあがっています。当時のサイババは、ほぼ毎日、アシュラムに集まった人々に祝福を与えるダルシャンという儀式を行っていました。人々の列に沿って歩き、願いが書かれた手紙を受け取り、ときにはビブーティ（神聖灰）を物質化して与えます。

このダルシャンによって、サイババは訪れる人々に愛と祝福を表し、慰めと癒しを与えることで一人ひとりに対して霊的な成長を促すのです。

午前7時、会場内にインドの伝統音楽が響き渡りました。ピンと張りつめた空気のなか、あちらこちらからどよめきが起き、いよいよ会場の奥にサイババが登場しました。オレンジ色のローブを身にまとい、数人の側近に囲まれ、まるで床の上をすべるように移動して人々に祝福を与えていきます。

その姿を目にした私は、つい先ほどまでの不安や後悔の念が、瞬時にして吹き飛んだのです。

直接見るサイババの表情とそのまなざしに、言いようもない懐かしさが込み上げ、こらえきれずに声をあげて泣き出してしまいました。涙が止めどなくあふれ、「20数年間、ずっと祈り続けた思いが叶った！」と胸がいっぱいになったのです。

約2000年前、「ナザレのイエス」と言われたイエス・キリストが目の前に現れたとき、人々は感涙したはずです。私自身、不可能と知りながらも「直接、キリストに会いたい」と願い続けました。なぜなら直に教えを乞い、その偉大さを体験したかったからです。

サイババの姿を見た瞬間、キリストに会ったような神聖な思いに満たされ、大いなる感動を味わうことができました。そして、サイババは私の目の前で、素早く手のひらを回転させ、ビヴーティ（神聖灰）を物質化して私に渡してくれたのです。

「間違いなくこの方は、偉大な霊的指導者である」と確信しました。


帰国後も私はサイババに会いたくてたまらず、数カ月後にインドを訪れました。ダルシャン会場で待ち焦がれたサイババが現れ、私は再びサイババの物質化の奇跡を目の当たりにしました。

サイババが私の近くへやって来て側に立ったとき、突然、何もない空中から一輪のバラが目の前に音もなく現れ、瞬きもせず見つめる私の手のひらに、スーッと落ちてきたのです。まるで目に見えない誰かが、手のひらにそっとバラを置いたかのようでした。

「これは、ババからの招待状だよ」

隣に座っていたインド人が、そう教えてくれました。

サイババは、私をより精神的な世界へ招待してくれている……。この瞬間、深い意識下で想像を超えるような自己変容が起こったのです。

誰もが神の化身であり、神に近づくためには不純物を取り除く必要がある。サイババは常にそう説いています。その言葉通り、サイババという神聖な炎によって錬金された私の魂は不純物が取り除かれ、真の自分に目覚めようとしていました。

インタビュールームでの聖者との対話

その後、私はサイババに会うために何度も南インドを訪れ、祝福を受け続けることになります。

サイババは、ダルシャン会場で自ら選んだ人を特別な部屋へと招き、直接祝福を授け、会話をする機会を与えるという「インタビュー」を行います。

私は2回目にアシュラムを訪れた際、幸運にも同じツアーの参加者とともにインタビューへ招かれました。日々集まる一万数千人もの信者のなかからインタビュールームに呼ばれることは奇跡のような確率です。

室内に入ると、身長150センチに満たない小柄で華奢《きゃしゃ》なサイババが、微笑みながら迎えてくれました。驚いたことに、私たちを気遣って自ら天井のシーリングのスイッチを入れ、穏やかな声で日本からやって来た私たちのことをねぎらってくれたのです。

「体調は大丈夫か？ 食事は合っているか？」

まるで、久しぶりに会ったわが子に声をかける父親のようでした。

サイババはイスに座ると、指輪やブレスレットを物質化しました。続いて、インタビューに招かれたインド人夫婦の願いに応えて、子どものための粉ミルク缶を手のひらから物質化したのです。下に向けられたサイババの手のひらからニョキニョキとミルク缶が現れる様子を見てあっけにとられている私たちのことを、サイババはにこやかに見つめています。

奇跡的な現象はさらに続きました。何カラットもあるような光輝くダイヤモンドの指輪を手のひらから物質化したのです。

「この指輪を、よく見るように」

サイババはそう言って、指輪をグループの一人に手渡し、私たちは一人ずつ、ため息が出るようなダイヤモンドの指輪を手に取って眺めることができました。全員が見終えたのち、サイババはダイヤモンドの真の意味を伝えたのです。

「多くの者が、金銭や高価な品物を手に入れるために時間を浪費している。ダイヤモンドの意味はダイ・マインド（ｄｉｅ ｍｉｎｄ）、つまり欲望を消すことだ」

そう言うやいなや、指輪に息を吹きかけ、一瞬で消し去ってしまったのです。

いくつかの物質化を見せたサイババは、表情を一転させ、まさしく神の化身という神聖な面持ちになり、素晴らしい教えを授けてくれました。

「人生において大切なことはただ一つ、誰一人として例外なく神の化身である、という事実だ。私とお前たちの違いは、私はそれを知っていて、お前たちはそれを知らないことだ」

続いて、私たちに視線を向けながら、こうたずねました。

「神は、どこにいるか？」

インタビューに招かれた私たちは、サイババに関する本を何冊も読破していたため、「神は、すべての心の中に宿る」ことを知っていました。そこで誰ともなく「ここにいます！」と皆が自分の胸を指さして答えたのです。

それを聞いたサイババは、「Ｇｏｏｄ ｂｏｙ」（良い子だ）と満足そうに微笑み、こう言ったのです。

「それだ。お前たちは神の化身だからこそ、神の道を歩まなければならない」

私たちは一人ひとりが神の化身である。サイババの言葉は、これまで以上に強く心に響きました。

「自分は、いったい何者なのか？」

「どこから来て、どこへ向かっているのか？」

19歳のときから抱き続けてきた疑問の答えが、サイババの教えによって明らかにされようとしていました。

それから2年の月日が経ち、私は再びサイババのインタビューに招かれました。このときもサイババは、さまざまな奇跡を見せ、優しく語りかけながら私たちに気づきを与えてくれました。

現代医療では打つ手がない難病を患う男性に、自らと同じオレンジ色のローブを与えて祝福したことも印象に残っています。男性にローブを手渡す際、サイババは「これを枕元に置いて休みなさい」と伝えました。その後、男性は難病が治癒したと聞いています。

インタビューでは、前回と同じ質問を私たちに投げかけました。

「神は、どこにいるか？」

誰もが迷わず、自分の胸を指でさして「ここにいます！」と返答すると、意外なことにサイババは、首を横に振り「違う」と言います。

「神聖な存在である神は、どこにでもいる。宇宙に遍在し、私のなかにも、あなたのなかにもいる。生命を宿すものはすべてが神。それが答えだ」

サイババは、私たちの理解力をすべて把握しています。1回目のインタビューでは「一人ひとりの胸の中にいる」と説きましたが、今回はさらに理解力が増した私たちをすっかり見通していたのでしょう。同じ質問でありながら、別の答えを示したのです。

「あなたの周りにいる人は、どんな関係性であれ、すべては神の化身であるアバターなのだ」

インタビューを重ねるごとに私の霊性は深まり、不純物は取り除かれ、魂の成長を果たしてきたのです。

✳すべての宗教を受け入れる器の大きな教え

ある日のこと、サイババの寺院を訪れたことが教会の指導者に知られてしまいました。毎週日曜日、聖餐式《せいさんしき》の司会と監督をしていた私が他の宗教に関心をもち、その聖地を訪れることはまさに背信行為でした。こうして私は、教会の監督者として不適格との判断でその職を解任されたのです。

たしかに、他の宗教に関心をもったことは批判されても仕方のないことでしたが、サイババの教えはすでに私のなかで真理となっていました。

世界にはさまざまな宗教があり、その数だけ神が存在します。そのことについて教会の指導者にたずねても、彼らの答えはいつも同じでした。

「私たちの教会が正しい。それ以外は間違っている。全世界の人々がこの教会に集うべきである」

敬虔なクリスチャンであろうとした私は、その言葉を無理矢理信じ込もうとしましたが、その一方で、別の答えを探している自分がいます。そんな葛藤のなか、真実を指し示してくれたのがサイババでした。

あらゆる宗教を敬いなさい。宗教はどれも同一の神に到達する道です。

これは、ツアー仲間が持参したサイババの冊子のなかに見つけた言葉です。すべての宗教は一つであり、信仰は異なっても私たちは同じゴールを目指しているのです。このような器の大きな教えに触れたことはありませんでした。

サイババのアシュラムはヒンドゥー教を基調としていますが、訪れる人の個人的な信仰はいっさい問いません。ヒンドゥー教、キリスト教、イスラム教、仏教……とあらゆる宗教の信者が集まってきます。

サイババは、こう説いています。

「神は、すべての者が信仰する宗教の教えに応じて、祝福を与えるだろう。神は、すべての者が望むかたちでその姿を現し、祝福を与えるだろう。すべての宗教は正しいため、自らが信じる宗教を離れてはならない」

だからこそ、私はクリスチャンとして信仰をまっとうしようとしたのです。

そして、宗教という枠を超えた素晴らしい教えがあることを、同じ教会員に知ってほしいと願いました。

カーストは、ただ1つ。それは人類というカースト。
宗教は、ただ1つ。それは愛という宗教。
言語は、ただ1つ。それはハートという言語。
神は、ただ1つ。そして、神は遍在。

このようなサイババの教えにもとづき、私は自らが信じる道について伝えましたが、残念ながら私の考えは受け入れてもらえなかったのです。教会員の多くは、私がおかしくなったと思ったのでしょう。皆、私とあいさつを交わすことさえためらうようになりました。

私は、「あなたの教え通り、この信仰をまっとうしたい」とサイババに祈りましたが、クリスチャンとして熱心に活動し続けた25年間が空しく感じられ、次第に教会へ行くことにさえ苦痛を感じるようになったのです。

その後、教会でのすべての仕事を解任された私は、「そろそろ、新しい道を歩む時期が来たのかもしれない」と思いはじめました。

サイババの教えを学び、さまざまな奇跡を目の当たりにしてきた私は、目に見えない大きな存在の導きを感じていました。教会という居場所は、自分にとってすでに不自由なものとなっていたのです。

こうして私は、25年間信仰した教会を離れる決意をしました。


思い起こせば2回目のインタビューのとき、人生でもっとも重要な言葉をサイババからもらいました。それは「私は、お前のすべてを知っている」というものです。

そろそろインタビューが終了する頃になり、私は「もっとサイババと話がしたい！」と望みながら、サイババの瞳をじっと見つめ続けていました。すると、願いが通じたのかサイババは私に話しかけてくれたのです。

「お前の体の調子はどうか？」

私は自信をもって「健康です」と答えましたが、サイババは首を横に振り、「いや、違う。お前の血圧は不安定だ」と言いました。

たしかに、私はもともと血圧が高いほうでしたが、現在では問題がなかったので、思わず首をかしげてしまいました。そのような反応をする私に、サイババは厳しいまなざしを向け、確信に満ちた声ではっきりとこう告げたのです。

「I know you All」（私は、お前のすべてを知っている）

吸い込まれそうなその瞳のなかに、これまでずっと追い求めてきた何かを見つけた気がしました。過去・現在・未来にわたる私のすべて。つまり、遥かなる過去から現在、そして未来へとつながる魂の道のりを完ぺきに見通したうえで、サイババはその言葉を私に伝えたのです。

神聖なまなざしとともに与えられたその言葉は、深く心に浸透し、まさしく私の〝失われた魂の記憶〟を掘り起こすきっかけとなったのです。

✳使命が告げられ過去世の記憶がよみがえった

1998年2月、サイババのアシュラムへの訪問も10回を超えるようになった頃のこと。当時、動物病院で開催していた無料気功教室の参加者とともに、私は再び南インドのアシュラムへ向かいました。往路、飛行機がムンバイへ到着する直前にその出来事は起こったのです——。

ちょうど私は、機内で隣の席の女性と話をしていました。ツアー参加者であるその女性が、不意に「先生の使命はなんですか?」と問いかけてきたのです。スピリチュアルなことに興味があった彼女は、特別な答えを期待したのかもしれませんが、私は正直にこう伝えました。

「自分の使命など知りません。私が知りたいのはただ一つ、自分がどこから来てどこへ行くのか、何者なのか……ということだけです」

すると、相手は拍子抜けしたように黙ってしまったのです。

自分の使命……。いったい、どういうことなんだろう……。

これまで意識してこなかった「使命」という言葉が、頭のなかで延々とめぐっています。自らの使命がわかれば、19歳のときから抱え続けている私の疑問を解明することができるかもしれない。

そう気づいた直後、甲高い金属音のようなものが響きました。そして、まるで異次元に引きずり込まれるような感覚に襲われたのです。

驚いて辺りを見わたすと、なぜか機内の光景は完全に消えています。いま思えば、その瞬間に私の魂は別の次元へ引き上げられたのでしょう。

いったい何が起こったのだろう、どうなってしまうのだろう……と恐れを感じはじめた私の上に、まばゆい光がどんどん降り注いできます。

光に包まれた私は、神聖な存在から自らの使命を伝えられました。

「お前の使命は、過去を解き明かし、未来を語り、癒す者である」

光の源から発せられたその声は、揺るぎない力強さがありました。大いなる光の主が、私に使命を告げたのです。

突然、過去を解き明かすと言われても、自分にそのような能力があるとは信じられません。ましてや未来を語るなんて、あり得ないと思いました。

無料気功教室を開き、人も動物も癒すことに喜びを感じていた私にとって、「癒す者」という言葉はうれしいと感じましたが、「使命」ということへの根本的な理解が足りず、どうしたらいいかわからなかったのです。

するとと再び光の主の声が響きわたりました。

「上を見なさい」

その言葉通りに天を見上げると、そこには広大な宇宙が広がっています。そこに重なるようにしてパノラマ図が現れ、自分の過去世の記録が次々と映し出されたのです。

それはまさしく私の魂の歴史であり、過去・現在・未来が描かれた絵巻物でした。クラゲのような原始的な生物からはじまり、ネズミ、ゴリラ、ゾウと次第に大型化していき、最終的にはシロナガスクジラで動物としての体験を終了。引き続き、人間として数百世代もの生まれ変わりを体験していました。

それらの映像は一世代の人生をパズルのピースにたとえると、数百ものピースが次々にあるべき場所へはめ込まれ、最終的には壮大な魂の絵画が完成する。つまり、すべての過去世が一つにつながって、本当の自分は何者なのかがわかるのです。

「あの一点を見つめなさい」

そう光の主に促され、膨大な数にのぼる映像の一つに目を留めると、そこには現在の私の人生が映し出されていました。日本人の男性として福島に生まれ育ち、沖縄に移り住み、上京後にさまざまな体験を経て獣医師となったこの半生。驚いたことに、ある映像にはこれから先に起こることまで映し出されていたのです。たとえば、多くの聴衆の前でスピリチュアルな内容を講演している、自分の未来の姿も見えました。

「あなたが人間として生まれ変わった回数は、今世で273回目です」

光の主は、私にそう語りかけてきました。

「来世、あなたは再びインドに生まれ変わり、人としての生まれ変わりを終了するでしょう。その後は、スピリチュアルガイドとして多くの者を導き助け、その体験の果てに神聖な存在となるのです。

この先は自分だけではなく、多くの人の過去世を解き明かし、未来を語り、癒す者になるのです――」


真実を告げられた私は、その内容に圧倒されながらも、どのようにすれば多くの人にそれを伝えることができるかをたずねました。

すると、光の主はこう答えたのです。

「隣の席の女性を見なさい」

気がつくと、私の意識は再び機内にありました。そして、先ほどまで話していた隣の席の女性に目をやると、その背後には過去世での彼女の姿がはっきりと見えます。まるで列を成すように、十数世代にさかのぼる過去世の映像が連綿と続いているのです！

先ほどから変わった様子もなく座っているその女性に、感極まった私はこう伝えました。

「たったいま、私は自分の使命を知ることができました。あなたのお陰です。本当にありがとう！」

長年求め続けてきた答えが、ようやく見つかった！

自分の身に起こった素晴らしい体験を振り返りながら、自分が進むべき未来をしっかりと確認した私は、「成すべきことはただ一つ、使命を果たすことだ」という自信を得ると、感動の涙が頬を伝いました。そして、言葉では言い尽くせないほどの感謝があふれ出てきたのです。

こうして私は〝失われた魂の記憶〟を取り戻していきました。そして、のちには人や動物の過去世を詳細にわたって見ることができるようになるのです。

能力が開いた当初は、国や年代が定かでない断片的なシーンが意識に上ってくるだけでした。しかし、次第にそれらの記憶はつながりをもつようになり、明晰な情報がわかるようになりました。まるで並び順がバラバラだった本のページが一つにつづられ、ストーリーの全貌が明らかになるようなイメージです。

その感覚を体得したとき、「私は、お前のすべてを知っている」というサイババの言葉の意味を心から理解することができました。なぜなら、サイババのまなざしをすでに知っている、はるか昔の自分を思い出したからです。

1世代前の過去世の記憶。その時代の私は、「サティア・サイババ」の前世である「シルディ・サイババ」と出会っていたのです。

幼い頃にくり返し夢のなかに現れた、あのシーン。母がいなくなってしまうことへの恐怖……。思い起こせばあの夢が、私にとっての〝失われた魂の記憶〟を取り戻すカギでした。

狭い馬車に乗せられ、小さな窓から母を求めて泣くしかなかった幼い自分が、まさに1世代前の過去世だったのです。そして、必死になって助けを求めた相手こそがシルディ・サイババでした。

これから紹介するストーリーは、1870年~1900年のインドで生涯を送った私の過去世です——。

今世に影響を与える、1世代前のインドでの過去世

当時の私は、ムンバイの港近くの屋敷で生まれました。イギリス人で商人の父親と、インド人で伝統舞踊家の母親とのあいだのハーフでしたが、父親の血を濃く受け継いだせいか風貌はイギリス人そのものでした。

「マーティン」と名付けられ、プロテスタント教会で洗礼の儀式も受け、イギリス人としての教育を受けて育ったのです。

その頃のインドはイギリスの統治下にありましたが、インド国内の情勢が悪化したことで、父親は息子である私を連れて祖国に引き揚げ、イギリスの実家の跡を継がせることに

決めました。

しかし、愛する息子との別れを受け入れられない母親は、父親の目を盗んで私をひそかに連れ出し、老夫婦の知人宅に身を寄せたのです。すると、父親は私たちの居場所を突き止め、息子（私）を取り返しにやってきました。そして、拒む母親から無理やり引き離した私を馬車に乗せたのです。

狭い馬車のなかで、私は離れ離れになった母を求めて泣き続けました。もう二度と会えないかもしれない……。その悲しみと不安でいっぱいになり、窓の外に向かい、必死になって助けを求めました。


幼少期の私が、くり返し夢に見たシーンです。強い感情がともなう過去世の記憶はその後の人生に影響を与えやすいため、よく夢に現れるのです。

母も、息子である私を取り戻したかったのですが、どうしたらいいかわからず途方に暮れていました。そんなとき、身を寄せていた家の老夫婦が、こう伝えてきたのです。

「自分たちが信仰する偉大な聖者に祈れば、願いは聞き届けられ、奇跡が起こるでしょう」

その聖者こそが、サティア・サイババの前世であるシルディ・サイババでした。藁をもつかむ思いで、母はさっそく老夫婦とともにシルディ・サイババへ「息子を取り戻せますように……」と祈りを捧げました。すると、祈りは聞き入れられ、私はすぐに救い出されたのです。

真夜中になり、馬車のなかで泣き疲れて眠っていた私は、窓の外に大きく輝く光を見ました。その方向に目をやると、白いひげをはやした聖者（シルディ・サイババ）がたたずんでいます。

彼は馬車の扉を開けると、驚いたことに、私をそっと抱きかかえて空中を飛んだのです！現実にはあり得ないことですが、その優しい腕の感触は、いまでもはっきりと思い出すことができます。

翌朝になり、家畜小屋の藁の上に寝かされている私を発見した母は、息子との再会を泣きながら喜びました。そして、追手が来ないうちに身を寄せていた家を離れ、シルディ村へと向かったのです。

こうして私たち親子はシルディ村で暮らすことになりました。そして母は、「シルディ・サイババこそ、息子を守り導いてくれる方だ。私も一生、お仕えしよう」と心に決め、信者として熱心に働きながら、幸せな数年間が過ぎていきました。

ところが、しばらくすると母は村人たちから「侵略者であるイギリス人の子どもを産んだ不埒《ふらち》な女」という陰口を叩かれるようになります。白人のような外見をもつ私のせいだったのでしょう。

母も私も、周りの人からさまざまな嫌がらせやいじめを受けるなか、とうとう決定的なことが起こりました。

イギリス人として育った私は、シルディ村の菜食主義の食事は体質に合わず、どんどん衰弱していきました。ある日、「肉のスープを飲みたい」とねだると、母は隠れて肉や卵を手に入れ、私に食べさせてくれました。

間もなく、そのことが村人にばれてしまったのです。

私の体調を気遣い、母もやむにやまれぬ思いだったに違いありません。村人たちにその事情を説明しても、わかってはもらえませんでした。

あの親子は隠れて肉を食べている、神を冒涜している……という噂がたちまち広がり、ついにシルディ・サイババの耳にも入りました。

非難はおさまらず、私たち親子を村から追放しようという動きが起こったので、シルディ・サイババは母に命じました。

「お前の息子を出家させ、修行者の道を歩ませるように」

母はまだ10歳だった息子を手放すことに抵抗を示しましたが、他に方法はないことがわかると、シルディ・サイババの指示に従いました。そして、わずかな着替えとお金をもたせ、私を修行者の元へと送り出したのです。
母との別れの日、まだ幼かった私には身を引き裂かれるようなつらさがともないました。歩き出した私は何度も振り返りましたが、母は気丈にも「早く行きなさい!」とせかすような態度です。きっと母も断腸の思いだったに違いありません。そんな親心を理解することもできず、母に見捨てられたかのような寂しさを抱えながら、ただひたすらに修行場を目指しました。

シルディ村から約40キロ離れたところに修行場はありました。木々が生い茂る平原に、台形状の大きな岩山がそびえています。小さな村を通り抜け、岩で作られた階段を上っていくと、修行者たちの多くが暮らす平らに開けた岩山の頂上にたどり着きました。

2007年、実際にシルディ村を訪れた私は、地元ガイドを頼んで周辺を探し、かつて修行場があった岩山を発見しました。岩山の頂上を目指した際には、ガイドが迷うなかで、初めてこの地を訪れたにも関わらず、私にはそのルートがわかりました。確信にも似た直感の通りに進んでいくと、頂上へと続く道が開けたのです。台形状の岩山、切り立った崖、長い石の階段……すべては過去世の記憶と符合しています。約１００年という年月を経て、かつて自らの魂が修行した場所を訪れたことで、その記憶が鮮やかに甦ってきました――。

シルディ・サイババを師と仰ぐ指導者のもと、私は見習いとして暮らしはじめました。夜明け前に岩山を下り、麓から水をくみ上げるなどの過酷な日課をいくつもこなさなければなりません。幾度となく「ここから逃げ出し、母の元へ帰りたい」と願いましたが、その気持ちを先輩に悟られると厳しく責められるため、毎晩のように声を押し殺して泣きました。

修行者たちはヨガや瞑想、聖典研究などの行をそれぞれに課しています。こうした修行者としての資格を得るには、指導者のもとで数年にわたり下働きをしなければなりません。

そして、シルディ村を出てから9年目、私は正式な修行者として認められました。シルディ村にいる母に会いたい。その一心で私はただひたすら、修行に没頭したのです。

誰よりも早く起床し、誰よりも遅くまで祈りと瞑想をし、与えられた課題はすべてこなしました。幸いにも、私のイギリス人のような風貌を差別的に見る人は誰もいませんでした。むしろ、修行に取り組む熱心な態度が高く評価され、より多くの指導を受けることができたのです。

聖者アガスティアの流れをくむ岩山の指導者は、夜になると、星々の意味やその配列についての教えを説きました。星からのメッセージを受け取り、神聖な存在との対話を行っていました。

人間同士がコミュニケーションを取るように、星々と対話をする指導者の姿に感動し、自分もそのような能力を開きたいと願った私は、皆が寝静まったあと、星の声に耳を傾けるという修行をはじめました。

じつは、この過去世での体験は、今世に大きく影響を残しています。ライフリーディングという人生の流れを読み取りアドバイスするセッションでは、オリジナルのホロスコープを用いて人生をよき方向へと導く「星からのメッセージ」を伝えているのです。

修行に明け暮れた私は、24歳のとき、先輩修行者の世話係としてシルディ村の祭りへ行くことが許されました。祭りの最中、シルディ・サイババの姿を目にした私は畏怖の念でいっぱいになり、一日も早く達観して修行を終えたいと強く願いました。そうすれば、再び母のいるシルディ村に戻れると思ったからです。

そして、私は母への思いを抑えきれず、先輩に気づかれないように村中を歩いて母の姿を探しましたが、どこにも見当たりませんでした。結局、母とは会えないままシルディ村を後にしたのです。

当時の修行者には重力を超える者がたくさん現れました。修行を極めれば、入山不可能なほど高い山の頂上に瞬間移動したり、空中浮揚によって水の上を歩くことも可能です。

指導者は、宇宙の摂理について次のように説きました。

「宇宙の摂理を活用すれば、やがて宇宙と一体になれるだろう。星が宇宙に浮かぶように、神と一つとなることができるだろう。引力や重力をコントロールすることで、その神の力を所有し祝福された者になるのだ」

私は、空中浮揚を行う先輩のもとで学ぶことを命じられ、厳しい修業に明け暮れました。そして6年が経ち、ついに奇跡の瞬間が訪れたのです！ 宇宙の光が細胞の一つひとつを包み込み、すべてが解放される特殊な感覚を得て、私の体はフワッと浮かび上がりました。

修行を積むごとに数ミリ、数センチと地面から体が上昇します。いよいよ私は80メートルの切り立った岩棚で空中浮揚を実行することに決めたのです。

ある晴れた朝のこと。岩棚の先端に座って空中浮揚を試みました。ところが、岩棚から前へ進み出たその瞬間に突風が吹き、バランスを崩した私は80メートルもの崖下へ墜落してしまったのです。両足を骨折し、背骨も砕け、折れた肋骨が肺に刺さった状態で近くの村に運ばれましたが、私は苦しみ悶えながら息を引き取りました。

物心がつく頃から高いところが苦手だった私は、過去世の記憶により根本原因がはっきりとわかりました。実際に岩山を訪れたことでその頃の記憶が戻り、以降は高所への恐怖心が解消されたのです。

霊体となり自分が死んだことを悟った私は、岩山の頂上に戻りました。そこでは指導者や修行者たちが、私のために、再び生まれ変わるための祈りを熱心に捧げてくれています。続いて、霊体のままシルディ村に戻った私は、村人たちに受け入れられて元気に働く母の姿を見つけました。

まだ私の死を知らないようでした。修行を失敗したことへの後悔と、母を残して死んでしまった申し訳なさで胸がつまる思いでした。

霊体として再び岩山の修行場へ戻った私は、人の生まれ変わりについて学んだことを思い出しました。そして空中に向かって上昇し、まばゆい光のトンネルをくぐって生まれ変わりの準備の場所、中間世へと旅立ったのです。

✳自分を心から信じれば導きは必ず得られる

ここに紹介した過去世のストーリーは、膨大な数にのぼる記憶のほんの一部に過ぎません。今世と同様、過去世でも身に起こる出来事やそれにともなう感情はさまざまです。そのすべてが、いまの私を形づくっています。

あるときは喜びにあふれ、あるときは悲しみに沈んだ人生だったかもしれません。成功や失敗、幸福や不幸、それらの体験をすべて乗り越えて、私たちはここに生きています。

誰一人として例外なく、失われた魂の記憶をもっています。その貴重な人生経験は今世の自分の性格や気質、嗜好、考え方に大きな影響を与え、この人生を創り上げています。そこには過去・現在・未来を完ぺきに見通す神聖な力が働いているのです。

私たちが輪廻転生をくり返す背景には、さまざまな体験を通じて成長し、神に至るという目的があります。失われた魂の記憶を取り戻したとき、あなたは生まれてきた真の目的を知ることになるでしょう。

人は皆、最高のタイミングで人生の導き手と出会います。私の場合は幸運にもサティア・サイババとの出会いがありました。

「I know you All」(私は、お前のすべてを知っている)

私の魂の過去・現在・未来を知っていたサイババ。その導きによって「いまここにいる」ことがわかります。

大学受験の際に聞いた声、教会の説教の際に聞いた声、そして私からすべてを奪った炎の前で聞いた声も、すべてはサイババの祝福だったのです。

19歳のときから抱き続けてきた「私は、どこから来てどこへ行くのか?」「私は、何者なのか?」という疑問の答えも、自らの使命を知ることで得ることができました。

もしかしたら、あなたの人生の導き手はすぐそばにいるかもしれません。家族、友人、上司、同僚、恩師……まずは周りの人たちのなかに神聖さを見つけましょう。その視点をもつことで、彼らは確実にあなたの人生をよい方向へ導いてくれるはずです。なぜなら、人は誰しも神の化身であり、過去世から受け継いできた神聖なる約束があるからです。

イエス・キリスト、ブッダ、アラー……いまあなたが信じている神聖な存在に祈ってください。あなたの信じる神聖な存在は、その願いに必ず応えてくれるはずです。

祈ることで、私たちは自らを高めることができます。そしていつしか、私たちはそれぞれの道を歩みながら、一つのゴールへ向かっていることに気づかされるでしょう。

大切なのは自分を信じること。そして、世界のなかに神聖さを見るとき、私たちは大いなる導きを得られるのです。

第3章

神聖な存在からの導き

MESSAGE

私たちは誰一人として孤独な者はいません
常に神聖な存在がその人の人生すべてにわたって
導き教え続けているのです
必要な時に必要な教えは必ずあらわされ
祝福を受けるのです

生涯にわたって私たちを教え導く存在

光の主から使命を伝えられた機内での出来事により、〝失われた魂の記憶〟を取り戻した私は、人の過去世を見る能力が開きました。とはいっても、ようやくスタートラインに立ったというだけで、その力をどのように使えばいいかすぐには見当がつきません。

過去世を解き明かすという行為にはどのような意味があるのか。魂が積み重ねてきた歴史を思い出し、すべてつながっているということは理解したものの、それを現実の暮らしにどう役立てればいいのかわかりません。

過去世という変えようのない事実を知ったところで、いったい何になるのか。特殊な能力を与えられても頭での理解のほうが追いつかず、悶々とした時間だけが過ぎていきました。

出口の見えないトンネルをさまよう日々が続くなか、ある日、思いもよらないかたちで光明がもたらされました。

動物病院での仕事を終えた夜のこと。私は「使命を達成するために、何をどうすべきか教えてください」と神に祈りをささげていました。すると、目の前に突然、3人のスピリチュアルガイドが現れたのです！

機内での不思議な体験のときと同様、あたりに高音の金属音が響きわたりました。私にとってこの音は、次元が変換されるときのサインのようなものなのです。

まばゆい光が頭上から降り注いできたかと思うと、空中に浮かぶように3人が現れました。そして、こう伝えてきたのです。

「私たちは、あなたを導くスピリチュアルガイドです。これからあなたに大切なことを教えましょう」

私にとって、それはまったくはじめての体験でした。

教会は離れたものの、クリスチャンとしての考え方が身についていたため、神のほかに肉体をもたない者が存在するという事実をすぐには受け入れることができませんでした。

聖書には、悪霊がとりつき地獄へ落とされたという逸話が記されています。あれほどサイババに感銘を受け、光の主から使命を告げられたにもかかわらず、「教会に反することをしたから、悪魔にとりつかれるような神の罰を受けたのではないか……」とネガティブなとらえ方をする自分がいました。

とはいえ、神聖な光に包まれたスピリチュアルガイドたちは、まったく恐ろしい存在には見えません。優しさと平安で満たされ、私のことを大事に思ってくれていることが十分に伝わってくるのです。

彼らは、私のなかの恐れを取り除くかのように、私の疑問に対して根気強く対応してくれました。そして自らの使命をどう果たすべきか、ていねいに教えてくれたのです。

こうしてようやく私は、神に仕える高次の存在、すなわち天使や霊的指導者であるスピリチュアルガイドが実在することを確信したのです。

ちなみにスピリチュアルガイドとは、人としての生まれ変わりをすべて体験し終えた、肉体をもたない5次元の存在であり、守護天使や守護霊と呼ばれる魂の導き手です。4章でも詳しく説明しますが、彼らはそれぞれにソウルメイト・グループを担当し、自らの体験にもとづいて所属する魂たちの成長を見守り、教え導いているのです。

最高神といわれる存在が7次元、神々や大天使といわれる存在が6次元であり、スピリチュアルガイドは5次元の存在です。そして彼らは、より次元が高い6～7次元の存在の使いとして働いています。

遠い昔のことになりますが、スピリチュアルガイドの多くは私たちと同じ肉体をもった存在として生きていました。自らをもっとも高め、肉体をもつ者としての体験をすべて終了し、今度は多くの者を助けるために肉体をもたず活動しています。肉体という制限がないぶん、次元を超えてより深く人を導くことができるのです。

彼らは人としての体験があるため、私たちが地上で受ける悩みや苦しみについてよく理解しています。だからこそ、必要なときにベストなタイミングで救いの手を差し伸べてくれるのです。

私たちには、生まれたときから常に寄り添い、導いてくれている数名のスピリチュアルガイドがいます。人生の転機を迎える際には他のスピリチュアルガイドに引き継がれることがありますが、生涯を通してそのサポートが途切れることはありません。どのようなときでもスピリチュアルガイドは必ず導いてくれているので、私たちは決して一人ではないのです。

５次元の存在であるスピリチュアルガイドの姿を、私たちが目にすることはできないため、彼らがどのようなかたちでサポートをしているかはわかりません。それでも、さまざまな困難に直面したとき、彼らは次元を越えて私たちに語りかけ、手を差し伸べているのです。

✳加害者だった過去世から得られること

3人のスピリチュアルガイドと出会ったその日から、数カ月にわたって彼らの来訪が続きました。その間に私は、使命として果たすべきことを一つひとつ学んでいったのです。

たとえば、3人のうちのひとり、癒しのスペシャリストであるヒーリングマスターからはヒーリング法が伝授されました。さらには使命を果たすうえでの心構え、生まれ変わりのしくみ、過去世の読み取り方など、じつにさまざまなことを彼らから教わったのです。まるで大学教授から個人指導を受けるかのように、エネルギーの世界についての知識や能力を身につけていきました。

しだいに私は「自分の過去世についてさらに深く知り、これまでどのような体験をしてきたか実感したい」と思うようになりました。

その願いを受け取ったスピリチュアルガイドが〝失われた魂の記憶〟への扉を開いたことにより、時空を超越した過去世への旅をすることになったのです。

私の魂は、幾多の過去世でさまざまな立場の人生を送ってきました。その人生を追体験するとき、五感や心の動きなどすべてが生々しいほどリアルに感じられます。本来の自分とまったく区別がつきません。

現実には動物病院で働きながら、同時に過去世で別の人生を体験していたのです。要するに、意識をここに置きながら魂はタイムスリップしている状態なのです。

数百世代もの過去世があるなかで、とくに印象的だったのがヨーロッパのある国で山小屋の主人していた人生でした。

その時代の私は、宿泊客を殺害して金品を奪うことをくり返していました。遺体は崖下へ突き落とし、証拠を残さないようにしていたのです。その人生を追体験した私は、凶悪な犯罪者である自分に対して耐え切れないほどの恐怖を覚えました。それは「助けてくれ！」と悲痛な叫びをあげるほどでした。

どうにか平常心を保ち、魂を（日本人の獣医師である）いまの自分の肉体へ戻すことができましたが、それでも犯罪者だった過去世の自分を許すことができず、悩みや苦しみは日に日に募っていきました。

凶悪犯だった自分の記憶を取り戻してしまった私は、いつどこにいても過去世の呪縛から逃れることができません。罪の意識を抱えて生き続けるしかないのです。すでに教会を離れたものの、数十年ものあいだクリスチャンとして神を信じ正しく生きてきたという自負が、音を立てて崩れ去ります。自分自身が汚らわしい存在に思えてしまい、一睡もせずに朝を迎える日々が続きました。

どんなにつらくても動物病院を休むわけにはいきません。診察しているときは正気を保ちましたが、少しでも患者が途切れると涙があふれてきます。そのようなときは控え室で頭を抱え込んで泣き崩れました。

耐えられない苦悩のなかでスピリチュアルガイドに助けを求めましたが、彼らはいっこうに現れる気配がありません。

「もう苦しすぎて生きてはいけない。自分の存在をすべて消し去りたい……」

徐々に精神状態が悪化し、火災事故で家族を失ったときのように自らの命を絶つことさえ考えるようになりました。そんなギリギリの状態になってようやくスピリチュアルガイドが現れ、私にこう告げたのです。

「もう十分です。これ以上、過去世を追体験する必要はありません。大切なのは、すべての者があらゆる体験をするという事実を理解することなのですから」

続いて、スピリチュアルガイドは何が真実かを教えてくれました。

「人は何度も生まれ変わりながら、あらゆる体験をする必要があります。あなたの過去世の体験は、誰もがそうであるように正しい人生ばかりではありません。あるときは加害者、あるときは被害者といった体験をくり返しながら魂を成長させてきたのです。

過去世を解き明かす意味は、あなたにつらい思いをさせることではありません。過去世から気づきを得て、未来に希望をもたせることが目的です。過去世を取り戻したあなたは、いま抱えているさまざまな困難が過去世の影響からくることを理解したと思います。過去世でのあやまちを知れば、今世で同じことをくり返さずに済むでしょう。また過去世で達成できなかったことを、今世で取り戻すことも可能なのです。

身に起こるすべての出来事の根本原因が過去世にあるとわかれば、心を占める恐れや不安は消え去ります。過去世での気づきがあなたの今世を光で照らすため、もう闇のなかを手探りで進む必要はなくなるのです」

3世代前までの過去世を解き明かす

スピリチュアルガイドのアドバイスはさらに続きました。

「これから先、あなたは〝他者の過去世を解き明かす〟という役目を担っていくでしょう。そのときには、少なくとも相手の3世代前までを読み取りなさい。なぜなら、1世代前だけでは〝真の人生の流れ〟は読み取れないからです。

人は誰しも加害者と被害者の両方を過去世で体験します。だからこそ、深い気づきが得られるのです。〝真の人生の流れ〟を読み取り、よりよい未来への道筋をつけるためには、少なくとも3世代前までの過去の記憶が必要なのです。

迷える者に対し、過去世で達成できなかったことやその人生で作ってしまったカルマ(プログラム)を解消するように働きかけ、今世をどのように生きたらいいか導くこと。それがあなたの使命なのです」

スピリチュアルガイドによれば、輪廻転生をくり返すなかで加害者や被害者の立場は簡単に入れ変わるそうです。それだけでなく、富む者や貧しい者、成功者や敗北者、健康な者や病める者、美しい者や醜い者、そして、男女という性別など、それぞれの立場を体験しながら生まれ変わりを続けるのです。

たとえば、1世代前に貧しく虐げられた人生を送った人が、その一つ前の世代では、貧しい者から搾取して富を得るような真逆の人生だったというケースは枚挙に暇がありません。そのため、少なくとも3世代前までの人生を知ることが、相手の魂の状態をありのままに判断するための条件となるのです。

被害者だった人生だけでは、自分の不幸な立場を嘆くばかりで魂の進化にはつながりません。このように一つの過去世では偏ったものの見方となり、その人生の体験を昇華させ、真の魂の目的を達成することは難しいのです。

一方で、かつて自分が加害者だった人生を知ることは、耐えられない苦痛がともないますが、それによってカルマの解消は大きく促されます。

私自身もそうでしたが、加害者の過去世を取り戻した人の多くは自らを恥じ、嫌悪し、「こんな自分が幸せになってはいけない」と思い込むものです。今世の自分を不幸にすることで過去のあやまちを償おうとしますが、「そうではない」ことをスピリチュアルガイドの導きによって気づかされるのです。

そして、自分を苦しめることで罪を償うのではなく、使命を通じてまわりの人々を幸福にすることで償うように軌道修正されます。すると、「自分が幸せになることを許可しない」というかたくなな思い込みが解除され、光に満ちた明るい未来がパッと開けるのです。

スピリチュアルガイドがくり返し伝えてきたのは、「過去世の自分と現在の自分は、決して同じではない」ということ。

「たしかに、過去世の体験は今世に大きな影響を与えていますが、いまのあなたがそうであるように、過去世を追体験したことで苦しみにとらわれ、自分を取り戻すことができなくなる状態は、魂の本来の目的ではありません」

まさにスピリチュアルガイドの忠告通り、人はより多くの体験を通して魂を成長させるために生まれ変わります。すでに新しい人生を歩んでいるにもかかわらず、過去世の自分にとらわれてしまえば、今世で得られるはずのものも得られないでしょう。体験を積み重ねることで進化成長してきた魂の歴史を、わざわざ後退させるような行為はじつにもったいないことなのです。

私は、加害者だった自分の人生を追体験するという苦悩を味わったことで、「過去を解き明かす者」として大きく成長しました。それは、客観的な立場で過去世を過去世として受け止め、その人生から得た学びだけを今世に活かすという経験ができたからです。

かりに、衝撃的な過去世を知ったことにより自分を見失いそうになったとしても、当時の苦しみや悲しみをそのまま持ち越さないように、スピリチュアルガイドがしっかりサポートしてくれることも理解しました。

こうして「過去を解き明かす者」としての第一歩を歩みはじめた私のなかには、新たな疑問がどんどん湧き出てきました。

「人は、死んだら天国に戻ってまた生まれ変わるのでしょうか？」

「悪いことをして地獄に堕ちた者は、二度と生まれ変わることはできないのでしょうか？」

生まれ変わりのシステムをさらに深く知りたくなった私は、スピリチュアルガイドに質問を重ねました。

「生まれ変わりのシステムについて、あなたは頭だけではなく自らの体験を通して理解しなければなりません。そうすることでようやく真実を人に伝えることができるのですから」

スピリチュアルガイドはそう答えると、再び〝失われた魂の記憶〟への扉を開き、時空を超越した過去世の旅へといざなったのです。どのような過去世を体験したかは第4章で詳しく紹介することにしましょう。

時空を超えた魂の歴史をひも解く旅

私たちは誰一人として例外なく、植物や動物などを経験したのちに人として輪廻転生し、さまざまな立場での人生を送り、最終的には人としての生まれ変わりを終えます。そして、肉体を超越した霊体となりスピリチュアルガイドとして他者を教え助け導く体験を積み、その果てに神聖な存在となるのです。

この生まれ変わりの解き明かしは、いきなりパッと理解できるような単純なものではありません。私のなかでの謎解きは、自らの使命を知ってからもなお続きました。

スピリチュアルガイドが見せてくれる過去世の断片的な映像は、時系列に整理されたものではありませんでした。そのとき抱えているテーマに沿ったさまざまな過去世が順不同に選ばれ、意識に浮上するのです。

インドへ向かう機内で私の身に起こった不思議体験では、目の前に壮大な絵巻物（パノラマ図）が展開され、自らの魂が体験したことの全体像を見ることができました。しかし、それはあくまでも特殊な出来事であり、肉体というしばりがあるこの次元では一度に一つの人生を追体験することがやっとです。

なにより使命に目覚めた当初の私は、過去世が数百世代にわたることなどまったく理解していませんでした。極端に言えば、過去世とは一つ前の世代しか存在しないと思い込んでいたのです。浮上する映像がいつの時代のものか判断する知識もなく、なぜその映像を見せられたのかわかりませんでした。

何の脈略もない断片的な映像が、脳裏に次々と浮かび上がるその様子は、壮大な絵巻物がジグソーパズルとなり、バラバラになったピースが散らばっているようなもの。私は混乱しながらも、たくさんのピースの一つひとつに意味があることをスピリチュアルガイドからていねいに説明を受け、過去世についての理解を少しずつ深めていきました。

そして、置かれるべき場所にピースをはめていくと、ようやく魂の軌跡が全体像を見せはじめたのです。

「そうか、この映像はこのようにつながるから意味をもつのだ！」

たった一つのピースでは意味がわからなくても、それぞれがつながってまとまりになれば大いなる存在の意図を明確につかむことができます。


私は、あのオルドヴァイ渓谷で人類学者ルイス・リーキー博士が化石の発掘に情熱を燃やし、とうとうミッシングリンクを発見したことに思いを馳せました。私自身も、魂の歴史を手探りで掘り起こしている最中だったからです。

ルイス・リーキー博士は、旧人類の化石のかけらを集めながら人類のルーツを探求し続けました。私も彼と同じように、いっけん何の意味もないようなピース（過去世の断片的な映像）がのちに重要なカギとなる経験を積み重ねながら、深層意識から掘り起こされるピースに光を当てるという、じつに根気と忍耐力のいる作業をただひたすらに続けました。

途中で投げ出すことなく作業に没頭できたのは、「自らの魂の歴史をひもとくという行為が、どんな宝物よりも価値がある」と確信していたからです。

誰の人生においても大切な〝生まれ変わりの解き明かし〟ですが、スピリチュアルガイドのサポートにより瞬時に成し遂げられてもいいはずです。それなのに、一つひとつ時代背景もバラバラな断片映像を見せられるという、じつに回りくどい方法をとらされるのはなぜでしょうか。

その理由は、私たちに成長と気づきのチャンスを与えるためなのです。いくつかの過去世がつながってはじめて、その人生に大いなる存在の意図があることに気づき、ようやく経験が活かされます。

生まれ変わりの謎解きは、ある意味で考古学的な発見よりも人類にとって重要なものと言えるでしょう。こうして私は、自らの使命を与えられたことにより、悠久の時を超えた謎解きの道を歩みはじめました。

しかし、真実はそう簡単に解明できるものではありません。過去世の映像を見せられ、あるいはメッセージを受け取っても、それにどのような意味があってどう解釈するか、慎重に判断する必要があります。生まれ変わりの謎解きは奥が深いため、妥協せず、真実を求めて掘り起し続けることが大切なのです。

私自身、19歳のときに浮かんだ疑問に対し、あきらめることなく真の答えを求め続けてきました。かたや現実の人生は失敗や挫折の連続でした。なぜこれほどまでに思い描く夢や願いが叶わないのか、悩み苦しみ、心が打ちのめされたことも数知れません。

それでもいま振り返れば、身に起こったすべての出来事は生まれる前から計画されたことだったことがわかります。使命を生きるようになれば、夢が叶わないことは大いなる存在からのサインであり、進むべき方向への「道しるべ」だったと理解できるでしょう。

大切なのはただ一つ。あなたが今世の使命を見出し、その道を歩もうとすれば、必要なときに必要なサポートが得られると確信することなのです。

第4章

中間世でのソウルメイトとの再会

MESSAGE

人は、肉体をもつことによってはじめて
魂に完全な記録を残すことができます
神聖な存在となるための真の体験は
魂だけでなく肉体をもって行うことが重要であり
そのために生まれ変わりのシステムを通して
今世での人生経験を重ねて行くのです

肉体を離れた魂は中間世へ戻る

失われた魂の記憶、すなわち過去世の記憶を次々と取り戻していった私でしたが、南インドの修行者だった頃の記憶と、その後に思い出したいくつもの断片的な記憶とは時代が重なる部分もあり、これら複数の過去世についてどのように解釈したらよいものか戸惑いました。

いずれも自分の体験であるとは確信しているものの、なぜ時代が重なっているのかわからず、その背景に重要なカギがあるように思えてなりませんでした。

私はその答えを探求し続けました。そしてようやく真実にたどり着いたのです。南インドで修行者としての人生を終えたのち、私の魂は中間世という生まれ変わりのための場所へ戻っていたのです。

中間世では、ソウルメイトである他の魂とともに各々の体験を分かち合いました。つまり、彼らの体験が自分の体験として魂に刻まれたことにより、時代が重なる記憶が断片的に浮上してきたのです。
こうして私は、中間世という生まれ変わりのための場所について、そのシステムを一つひとつ思い出していきました。人は死んだらどうなるのか……長年にわたり抱いてきた疑問の解答が、ついにもたらされたのです。

肉体の死後、私たちの魂は中間世という生まれる前にいた場所へ戻ります。まるで母親の子宮のような愛で守られたその場所で、私たちの魂は地上での体験を昇華させ、地上の時間で約50年という期間をかけて次に生まれ変わるための綿密な計画を立てるのです。
しかも、そこでは懐かしい友、生まれ変わりの旅の仲間であるソウルメイトたちが待っています。ソウルメイトは6つの魂を1つのグループとし、それぞれの体験をシェアすることで学びを深め、ミッシングリンク、すなわち〝失われた魂の記憶〟を積み重ねていくのです。

使命が伝えられてからの私は、過去世の記憶を次々と取り戻していきました。一つひとつの断片的な記憶をパズルのワンピースにたとえると、能力が高まるごとにあるべき場所へピースがはまり、最終的には壮大な絵画が完成します。その段階で人としての生まれ変わりを終了し、あなたはより神聖な存在へと昇華するのです。

１世代前の過去世、南インドで修行者だった頃の人生では、岩棚から墜落して命を落とし、肉体から離れた魂は中間世へと戻っていきました。これから紹介する不思議な旅のストーリーは、中間世での私の魂の記憶です――。

岩棚から墜落し、修業半ばで肉体から離れて霊体となった私がもっとも心残りだったのは、幼い頃に離れ離れとなった母のことでした。

肉体という足かせがなくなると、そのときの感情を抱いたまま魂は自由に行動できるようになります。そのために家族や愛する者のもとへ引き寄せられるケースは少なくないのです。さらに亡くなったときに恐怖や悲しみなど負の感情が強い場合、魂のもつエネルギーが重くなり霊体のまま世界をさ迷い続けることにもなりかねません。

そのときの私は、修業を成し遂げられなかった後悔の念こそありましたが、負の感情というよりも、シルディ・サイババへの信仰心や母を慕う気持ちから懐かしのシルディ村へ向かったのでした。そして数カ月のあいだ、シルディ・サイババのアシュラムに留まりました。

そこで息子を亡くして喪に服す母の姿を見つけた私は、その悲しみが想像以上に深いことを知りました。どうにか母をなぐさめようと、「私は魂となってあなたのそばにいます」と必死で伝えようとしましたが、母に気づいてもらうことができません。

なぜなら、肉体レベルの3~4次元と魂レベルの4・5次元では世界が異なり、波長を合わせることが容易ではないからです。ましてや、残された者の悲しみが深ければ深いほど、亡くなった魂からのメッセージを聞くことは難しくなります。

あなたより先に逝ってしまった私を許してほしい。そう自責の念に囚われていた私の魂は、あるときシルディ・サイババに救いを求めることを思いつきました。

さっそく霊体のままシルディ・サイババの元へ向かうと、ダルシャンを終えたばかりの彼は側近たちに囲まれていました。

「私の存在を、どうか母に伝えてください！」と頼みましたが、シルディ・サイババは大きな声でこう答えたのです。

「お前は、使命を果たさなければならない。それは母親にこだわることではない。一日も早く生まれ変わり、学んだことを活かす者になるのだ。いますぐ生まれ変わる場所へ行きなさい。母親の魂は、生まれ変わってもお前のそばにいるだろう。安心して、私の命じたことを行いなさい」

そして、シルディ・サイババは持っていた杖を高く掲げ、私の向かうべき場所を指し示しました。

突然の行動に、側近たちは目を丸くして驚いています。杖の先が発光したかと思うと、その光は天井と屋根を突き抜け、上空に光の輪を描きました。そこに私が帰るべき中間世の扉が見えたのです。

私は、母への思いを断ち切るかのように命じられたまま上空へ舞い上がり、中間世への扉である光の輪の中へ入っていきました。

✳魂に刻まれた体験こそが唯一の財産

光の輪の先は、肉体レベルと魂レベルの次元変換が行われる長いトンネルにつながっています。私の魂はこのトンネルを進みながら、肉体レベルで得た経験を魂にしっかりと刻み込み、中間世を過ごすための準備を行うのです。

ようやく光のトンネルを抜け出た私は、（肉体があれば感じるはずの）痛みをともなわない純粋なエネルギー体に変化していました。

魂を包み込んでいるそのエネルギー体には、肉体をもっていたときに体験したあらゆる感情や感覚が記憶されています。もしもあなたがこの人生で誰かを傷つけたとしたら、加害者としての自分の感情だけでなく、被害者となった相手の感情も魂に刻み込まれます。

また、過去世で病気やケガをした体の部位は、次に生まれ変わる際にちょうど同じ部位がウィークポイントになったりもします。

たとえば、このような事例があります。乳がんを患った女性クライアントの過去世をリーディングすると、ちょうど患部のある場所に過去世で銃弾を受けていたことがわかりました。彼女が過去世から持ち越した痛みや苦しみ、恨みのエネルギーを癒したことで、がんの症状も改善に向かったのです。

このように過去世で体験した肉体の記憶は、何らかのかたちで精神や肉体に反映され、少なからず今世に影響を与えます。興味深いことに、食の好みでさえも過去世の記憶が色濃く反映されているのです。

さまざまな体験により十分な学びを得られれば、魂が成長することでカルマは解消されるでしょう。

生まれ変わりの計画を練るためには、肉体をもって体験した（ネガティブやポジティブなどの）あらゆる感情を再認識する必要があります。そして、この人生で何にこだわって生きてきたかということも、次の人生を決めるうえでの判断材料になります。

地位や名誉、財産を得ることに固執したり、特定の人間関係に執着したり、それらを失わないようにしがみついたり……。人間の業の深さには限りがありませんが、肉体を離れた魂が中間世へ持ち帰ることができるのは地位でも財産でも執着する相手でもなく、純粋な体験のみ。逆に言えば、その体験こそが私たちの唯一の財産なのです。

なぜなら、何度も生まれ変わりながら体験を積むことであなたの魂は成長し、より神聖な存在へと昇華できるからです。

✳中間世で再会した懐かしのソウルメイトたち

光のトンネルを通り抜けた私のエネルギー体は、広々とした空間へ出ました。そこには明かりが灯ったかのような無数の球体が浮かんでいます。中間世にたどり着いた各々の魂は、この球体のように見える部屋の一つで生まれ変わりの計画を練るのです。自分と同じ魂の波長の部屋を探し当てた私の魂は、再びここに戻ってくることができた喜びと感動でいっぱいになり、懐かしさをかみしめました。

柔らかい光の壁で仕切られたその球体に触れると、壁がスッと消え去り、内部へ入ることができます。内部の広さは、地上の感覚でいえば12畳ほどの大きさでしょうか。球体のなかでは自分の場所が決まっています。私の魂は、時計で言うところの5〜6時の方向へ吸い寄せられていきました。

自分の場所へ着くやいなや、それまでは透明だった私のエネルギー体が、これから起こることへの期待に反応するかのように発光し、点滅しはじめました。すると、時計で言うところの1〜2時、そして3〜4時の方向から私のソウルメイトである2つのエネルギー体が美しい光を放って現れました。彼らが私のエネルギー体に触れたとたん、50年ほど前にこの中間世から旅立ったときの記憶がはっきりと甦ってきたのです。

一般的に「ソウルメイト」と言うと、魂の伴侶、すなわち赤い糸で結ばれた恋人や結婚相手など異性のパートナーを指すことが多いのですが、スピリチュアルガイドが語るソウルメイトには違う意味合いがあります。

私には、このように説明してくれました。

「ソウルメイトは、あなたが生まれ変わりの体験を効率よく行うための大切な仲間です。人には基本的に自分を含め6人のソウルメイトがいます。彼らと今世で出会うことはありませんが、この人生を終えたのち、次の生まれ変わりを計画する中間世で再会します。そこでお互いの体験をシェアリングすることで再び地上へ降りる準備をするのです。

中間世に戻ってきた魂たちは、一人当たり地上の時間で7年間ほどかけて、綿密な体験の共有を行います。6人×7年間=42年間、すなわち地上の時間で50年ほどをかけてソウルメイトと各々の体験をシェアリングし、それをベースに新たな人生計画を立て、戻って来た順から一人ひとり地上へ降りていきます」

中間世では、声によるコミュニケーションは行わず、激しい感情が湧き上がることもありません。魂がもつ思いは、エネルギー体から発光される色や輝きの強弱で表現されます。それはまさしく光によるコミュニケーションであり、ソウルメイト同士はこうしてそれぞれの地上での体験を共有するのです。

そして、互いの透明なエネルギー体が混じり合い、一体化して地上での体験を分かち合います。喜び、悲しみ、愛、憎しみ、恐怖など膨大な量の感情をともなう体験がエネルギー体を通過し、まるですべてが自らの体験であるかのようにソウルメイトの記憶が魂へ刻み込まれるのです。

こうしてソウルメイト・グループは、それぞれが人生（過去世）で体験したことのすべてを記憶し、深く理解し合っていきます。

私たちの魂はより多くの体験を通して成長を遂げ、最終的には神聖な存在を目指します。しかし、数百世代もの生まれ変わりを積み重ねたとしても魂の成長には限度があります。そこで、６人が一つのグループをつくってそれぞれの過去世を共有すれば、瞬時にして膨大な数の体験を昇華することで魂の成長をスピードアップさせることができるのです。

このようにソウルメイトとは、魂の体験を分かち合う「魂の仲間」のことを指し、私はこれを「シェアリング・ソウルメイト」と呼んでいます。それに対して、今世で恋人や夫婦としてご縁のある魂は、人生をサポートし合う存在であることから「サポート・ソウルメイト」と呼んでいます。

ソウルメイトA「教師を目指したイギリス人女性」のケース

最初に体験を分かち合った相手は、1820年から1887年にかけてイギリス人女性として67年の生涯を送ったソウルメイトAでした。

中流家庭に生まれ育ち、幼い頃から教師になるための勉強に励んできた彼女は、学業半ばで父親が病に倒れ、家計を助けるために女中として働かざるを得ませんでした。それでも教師になる夢をあきらめず、コツコツと資金を貯めながら仕事の合間をぬって勉強を続けていたのです。

女中として勤めていた屋敷の子息は勉強ができなかったので、ある日、家庭教師がやってきました。興味を抱いたソウルメイトAは、その家庭教師に「私もあなたのような教える立場の者になりたい……」と打ち明けたところ、応援してくれることになりました。

本を貸してくれたり、勉強をみてもらったりしながら知識を深めていったソウルメイトAは、家庭教師として必要な学力とスキルを高めていきました。やがて屋敷の主人からもその能力が認められ、「子どもたちの勉強をみてやってほしい」と頼まれるようになったのです。こうしてソウルメイトAは女中から家庭教師へと転身をはかり、人生が大きく変わりました。

彼女の熱心な態度は屋敷の子どもたちにもよい影響を与え、彼らの学力はみるみる上がっていきました。そして、屋敷の主人の協力もあり、ついにソウルメイトAは教師の資格を取得することができたのです。

しかし、その後まもなくして体調を崩した彼女は、学校で教鞭をとる夢を叶えることなく病で亡くなりました。その人生では、結婚して子どもをもつこともありませんでした。肉体を離れたソウルメイトAの魂は、光のトンネルを通って中間世へと戻ってきたのです。

ソウルメイトAの記憶を受け取った私は、かつての自分も「イギリス人の父と、インド人の母のハーフだったことがある」ことや、「南インドの聖者のもとで修行し、その最中に岩棚から墜落して亡くなった」ことなどをシェアしました。魂から発する光のシグナルを通して、まるでパソコンのデータを送受信するかのように記憶をやり取りしはじめたのです。

おもに中間世は4・5次元レベルにあり、肉体を持つ3〜4次元レベルとはまったく異なる時空間となります。まるでパソコンのように、中間世では膨大な量の記憶も瞬時に処理（シェア）することが可能です。

人間の平均寿命である80年という期間に体験したすべてのこと、すなわち五感で体感したこと、さまざまな感情、そして出会った相手に与えた影響などを会話によってシェアした場合、わずか50年で6人分の人生を共有することなどできないはずです。

ソウルメイトB［墓守のアメリカ人男性］のケース

続いて、2番目に体験を分かち合った相手は、1840年から1890年にかけてアメリカ人男性として50年の生涯を送ったソウルメイトBでした。

酒場の女給である母親と酒癖の悪い父親のもと、アメリカ西部の町で生まれ育ったソウルメイトBは、酒に酔った父親が母親に対し、激しい暴力を振るう場面を見て育ちました。

その後、母親はまだ幼かったソウルメイトBとその妹を置いたまま、逃げるように家を出て行ったのです。

それから間もなくして、母親が痴情のもつれで殺されたという知らせが届きます。あまりに突然のことで気が動転したソウルメイトBは、泣きじゃくる妹をただ抱きしめ、母の遺体が安置されている教会へすぐに向かいました。久しぶりに会う母親は棺桶のなかで冷たく横たわり、まるで別人のようでした――。

※　※　※

じつは私も、大いなる存在から使命を伝えられた当初にソウルメイトBの人生を追体験させられました。父親から暴力を受けている母親の姿を悲しげに見つめている男の子は、すぐに「過去世の自分だ」と感じましたが、どこか腑に落ちないところもあったのです。

なぜなら、この過去世の時代背景が19世紀末のアメリカ西部であることが町並みや雰囲気からわかったからです。それでは１８７０年～１９００年に生きた南インドでの修行者の人生と明らかに重なってしまいます。

「もしもこの少年が過去世の自分だとしたら、同じ時代に、2人の私が遠く離れた国で別々の人生を歩んでいたことになるが、そんなことはありえない！」

時代が重なり合う2つの過去世の記憶をどのように解釈したらいいかわからず、私は大いに戸惑いました。頭のなかのクエッションは増える一方でしたが、「そこに重要なカギが隠されているに違いない」との確信もありました。

そして、スピリチュアルガイドにくり返し問いかけると、予想もしない答えを返してくれたのです。

「あの少年は、過去世のあなたではありません。６人いるソウルメイト・グループのうちの一人です。

ソウルメイトはグループ内でそれぞれの過去世を共有化するため、リアルな体験としての記憶が心に刻まれますが、あなたの魂が肉体をもって体験したのは南インドでの修行者としての人生です」

言われてみれば、棺桶に収められた母親の亡骸を見つめている記憶は強烈に残っていましたが、その前後の記憶は南インドの過去世の記憶に比べると、それほどはっきりとはしていませんでした。

ソウルメイトの記憶は、印象的な体験や強烈な体験を魂にはっきりと刻みますが、その他の人生の流れはそれほど記憶されません。

ソウルメイトの衝撃的な体験は、グループ内の仲間の魂にも大きなインパクトを残します。たとえば、私の魂には幼い頃に母親と離別した南インドでの出来事がくっきりと刻まれていますが、その記憶とリンクするように、ソウルメイトBが体験した「母の死」の記憶が意識に浮上してくるわけです。

※　※　※

母親を亡くしてからのソウルメイトBは、学歴がなかったこともあり、労働者としての貧しい生活を強いられます。結婚生活も長くは続かず、妻や子どもと別れて孤独な人生を歩むことになるのです。

結局、彼のなかには「嫌でたまらなかった父親と同じような人生になってしまった」という後悔の念が強く残りました。孤独に耐えかねて酒におぼれる日々を送っていたソウルメイトBは、亡き母の墓を訪れた際、墓地を管理する教会関係者に「何でもするので、ここに置いておいてください！」と願い出ました。

教会に置いてもらえることになり、そこで下働きをはじめたソウルメイトBは、墓地の管理や埋葬の手伝いといった墓守という役割に安らぎを感じるようになります。

ある日のこと、夜の墓地を見回っていたソウルメイトBは、空中に浮かぶ光の球と遭遇します。その光の球は、しばらくのあいだ浮遊したのちに地中へ戻り、最終的には上空へ向けて消え去っていきました。

そのような光景をたびたび目撃するようになり、「光の球は、亡くなった人たちの魂なのだろう」「上空へ消え去る光の球は、天国へ向かう瞬間なのだろう」と気づきました。光の球が上空へ消え去ったあとの墓は、いっさいの輝きがなくなります。そのようなことから、ソウルメイトBは魂の存在を確信するに至ったのです。

ソウルメイトBの記憶を受け取った私は、望んだものではない不運な人生だったかもしれないけれど、結果として「命の根源となる宇宙の法則を学ぶことができた」というその体験に感動し、彼に尊敬の念を抱きました。

同時に、私の記憶を受け取ったソウルメイトBは「私も、あなたのように神を信じて自らの道を極める者になりたい。次に生まれ変わったら、あなたが体験したインドという偉大なる国で、心から尊敬する指導者のもとで修行する者になりたい」と言うのです。

ソウルメイトAとソウルメイトBは、すでに体験の分かち合いを終えていたので、次のソウルメイトが中間世のこの部屋に到着するまでのあいだ、私たち3人の魂はさらに語り合い、学びを深めていきました。

魂の成長を見守るスピリチュアルガイド

突然、私たちよりも数倍強い輝きを放つ光の存在が内部に現れました。それは、私たちのソウルメイト・グループを担当するスピリチュアルガイドでした。

スピリチュアルガイドとは、人としての生まれ変わりを終えた意識レベルの高い存在であり、守護天使や守護霊と呼ばれる魂の導き手です。彼らはそれぞれにソウルメイト・グループを担当し、自らの体験にもとづき所属する魂たちの成長を見守り、導いていきます。

中間世では、ソウルメイト同士がシェアしたすべての記憶を総合的に判断し、次の人生で達成すべきグループの目標を確認しますが、この際にもスピリチュアルガイドは、ソウルメイト同士の話し合いがスムーズに進むようにサポートをしてくれるのです。


たとえば、つらく苦しい人生を送ったケースや、罪を犯して自分一人では償いきれないケースなど、ソウルメイトたちはそれぞれの人生を終えて持ち帰った課題（カルマ）を互いに分かち合い、協力して解決に向かいます。

その際にスピリチュアルガイドはまさしく光の使者となり、地上での旅を終えて疲れ切った魂たちに栄養を与え、そのエネルギー体をパワフルな光で満たしてくれるのです。

さらには、ソウルメイト・グループのなかで中間世に戻ってこられない魂がいる場合には、直接スピリチュアルガイドが地上に降り、迷える魂を捜し出して中間世への道を指し示してくれます。もちろん、私たちが肉体をもって地上で生活をしているときにも、さまざまなサポートを受けることが可能です。

このようにスピリチュアルガイドとは、さまざまな場面で自らが担当する魂を見守り導いてくれる、じつに心強い存在なのです。

ソウルメイトC［従軍医のドイツ人男性］のケース

続いて、3番目に体験を分かち合った相手は、1858年から1915年にかけてドイツ人の従軍医として57年の生涯を送ったソウルメイトCでした。彼の魂はこの中間世に戻ってきて、時計で言うところの6～7時の方向へ移動すると、すぐに私たちと体験を共有しはじめました。

優秀な開業医として多くの患者を救ってきたソウルメイトCは、1914年に第一次世界大戦がはじまると、傷ついた兵士を治療することが自らの務めだと家族を説得し、クリニックを閉めて従軍医になりました。

戦場では寝食を忘れて負傷兵を手当し、助かりそうにない瀕死の兵士に対しては、少しでも慰めになればと思い、ともに祈りながら看取りました。医者を目指す以前は牧師になることを考えていたほど、ソウルメイトCの信仰心は厚かったのです。まるで従軍牧師のように死を迎えようとする兵士たちに神の愛を言葉で伝え、兵士たちを見送ってきました。

そんななか、膠着《こうちゃく》する戦況下で多くの負傷兵が戦場に取り残されていることを知ったソウルメイトCは、一人でも多くの兵士を助けたい一心で戦場へと赴きましたが、そこで敵の銃弾を受けて亡くなってしまうのです。

医師として、自らの命を顧みず負傷した兵士の治療に当たってきたソウルメイトCの生涯は、誰もが尊敬せずにはいられない生き方と言えるでしょう。私自身、「生まれ変わったら彼のように現実的に人の病を癒し、人を助ける者になりたい」と強く思いました。

すると、ソウルメイトCは私とのシェアリングを通して、このよう伝えてきたのです。

「あなたは、インドでの前の人生で、修行者として宇宙の原理を学びましたね。かたや私は、医師としての活動のなかで多くの兵士たちを看取り、人には〝魂の救い〟がもっとも大切であることを学びました。

人は、心や体だけでなく魂も癒される必要があります。どうか、未来世ではインドでの貴重な体験を活かし、心・体・魂を総合的に癒す者になってください。そうすれば、あなたの能力は飛躍的に開花するでしょう」

ソウルメイトCからの力強いエールを受け、私は自らの次の人生について、さらに綿密な計画を練るのでした。

ソウルメイトD「奴隷のアフリカ人女性」のケース

続いて、4番目に体験を分かち合った相手は、1882年から1920年にかけて東アフリカの黒人女性として38年の生涯を送ったソウルメイトDでした。彼女の魂は、私たちのいる中間世の部屋へ戻ってくると、すぐに体験をシェアリングしはじめました。

当時、ドイツの植民地下にあった東アフリカの祖国では、原住民である黒人たちが人権を奪われ、奴隷としての生活を強いられていました。ソウルメイトDもその例に漏れず、白人が支配する男性中心の社会で強制労働をさせられていたのです。結婚・出産をしましたが、しばらくして病を発症し、極めて貧しい暮らしのなかで十分な治療も受けられずに38年の人生を終えました。

シェアリングを済ませた私たちは、つらい生涯を経験したソウルメイトDに対して心からの慰めを送りました。

そのとき、ソウルメイトCはこう言ったのです。

「ドイツ人の従軍医だったかつての人生で、私は貧しい国に赴いて活動がしたいとずっと願っていました。アフリカには、あなたのような人生経験をもつ方々がたくさんいるのでしょう。生まれ変わったときには、ぜひ貧しい国で役に立つ者になりたい。あなたのつらい体験は決して無駄にしません！」

シェアリングを深めていくうち、ソウルメイトDは「すべての白人男性が恐ろしい存在ではない」ことに気づいていきました。まったく異なる立場の魂と体験を分かち合うことが何よりの慰めになることを理解したのです。

ソウルメイトCからエールを送られ、彼女は次の人生に向けて、輝かしい光を発するようになりました。

ソウルメイトE「獣医を目指したアルゼンチン男性」のケース

続いて中間世の部屋に戻ってきたのは、５番目に体験を分かち合った相手です。

１８７１年から１９３３年にかけてアルゼンチンの牧場に生まれ育ったその男性は、62年の生涯を送ったソウルメイトEでした。

幼い頃から動物が好きで、将来は獣医として働くことを望んでいたソウルメイトEでしたが、彼の父親はそのことに理解を示しませんでした。

「お前のような者が獣医になど、なれるわけがない！」と夢をあきらめるように忠告してくるのです。

そんな状況にありながら、ソウルメイトEは獣医になるための勉強を止めようとはしませんでした。牧場で生まれ育ったという環境もあり、牛などの家畜の健康を守り、病を治療して牧場の経営を助けたい。さらには、牧童たちからの尊敬を集めたいという思いがあったのです。

やがて、ソウルメイトEは父親の反対を押し切って町へ出ます。そして、努力に努力を重ねてイギリスへ渡り、軍の獣医学校へ入学しました。ところが、その直後に第一次世界大戦が勃発したことで彼の人生は一転し、イギリス軍の獣医補助として参戦することになります。

彼は、戦地で負傷した馬たちの治療に当たりましたが、戦争の悲惨さを嫌というほど体験し、心が深く傷つきました。終戦を迎えた頃には、ぼろ雑巾のように疲れ果て、それに追い打ちをかけるように、ソウルメイトＥは軍の獣医学校を退学させられます。

牧場を営む年老いた父親からは、「お前がバカな夢を見たせいで、人生を棒に振ったじゃないか。私の言う通りに最初から牧童になっていれば、いま頃は周囲からも認められ、尊敬を集めただろうに……」と非難されます。

それでも何とか役立とうと父親の牧場で牛の診察を試みましたが、イギリスでの治療対象がすべて馬だったため、牛についての医療知識が足りません。

結局のところ、ソウルメイトＥは父親の牧場で、牧童たちが乗る馬の簡単な治療や世話をしながら、みじめな思いを抱いて生きるしかありませんでした。

その後に結婚し、妻と２人の子どもとともに貧しい生活を送った彼は、「大きな夢など抱くべきではなかった。もっと堅実な道を選んでいれば、この人生を失敗せずに済んだかもしれない……」と悔やみながら息を引き取ったのです。

そして、肉体から離れた魂は「天国へ行けば幸せになれる」と信じて光のトンネルを抜け、こうして中間世へ戻ってきたのでした。

シェアリングの後、私はソウルメイトEに対してこう伝えました。

「動物を愛するあなたが獣医を目指したことは、決して悪いことではありません。むしろ、とても大切なことです。インドにおいて、牛は神の化身です。牛を大事にする者は、神の祝福を得られるのです。どうか、あなたの夢が未来世において叶えられますように」

すると彼は、こう答えました。

「いいえ、たとえ獣医の資格が取れなくても、私は前の人生で獣医という仕事を深く理解することができました。次は、牛を大事にする国（インド）の出身者であるあなたが、私の夢を叶えてほしい」

私は、修行に明け暮れたインドでの人生では、ほとんど動物と接することはありませんでした。しかし、ソウルメイトEの言葉を受けて、インドの聖典には「神は万所に遍在し、万物に宿る」という教えがあることを思い出しました。

このときの思いが、今世での獣医という仕事につながったのです。

ソウルメイトF［ナチスの迫害を受けたユダヤ人女性］のケース

中間世の部屋に集まった私を含め6人のソウルメイトたちは、それぞれの体験を十分に共有しました。そして、ソウルメイトA（教師を目指したイギリス人女性）は地上の年代で1937年にすべての準備が整い、新たな人生へ旅立っていきました。

そして、残されたメンバーとともに地上へ降りる準備を進めていた私は、とうとう日本人として生まれ変わる計画を固めたのです。そんな最中、地上へ旅立ったソウルメイトAと入れ代わるように、スピリチュアルガイドによって7人目のソウルメイトが連れてこられ、新しいメンバーとなりました。

スピリチュアルガイドは、私にこう伝えました。

「あなたは、次の日本人としての生涯を体験したのち、いったんスピリチュアルガイドとなり、すぐにインド人男性として生まれ変わります。そしてそのままソウルメイト・グループを卒業することになります。あなたがグループから去ったのち、こちらの新しい仲間がソウルメイトの新しいメンバーとなり、情報共有を継続します」

つまり、ソウルメイト・グループから旅立つ私の代わりに、新たな魂を呼び寄せたというのです。実際にも、このようなメンバー交代はひんぱんに行われるようです。たとえば、何らかの事情で地上をさまよい続け、中間世に戻れなくなるソウルメイトもいます。そのために新たなソウルメイト・グループを編成する場合もあるのです。

私たちは新メンバーを興味深く、そして温かく迎え入れました。これまでに見たことのないような悲しみの色を発光したその魂は、１９１８年から１９４３年にかけて25年の生涯を送ったソウルメイトＦです。第２次世界大戦下でナチスドイツの迫害を受けて犠牲となったユダヤ人女性でした。

ポーランドの裕福な家庭に生まれた彼女は何不自由ない暮らしを送り、大学卒業後は研究者になる予定でした。しかし、卒業を待たずナチスドイツによって監禁され、家族と離れ離れになり、強制収容所へ連行されたのです。その後、身の毛もよだつような残虐な方法で苦しめられた彼女は、やがて病気になり、そのままガス室に送られて亡くなりました。肉体を離れた魂が空中をさまよっていたところ、私たちのスピリチュアルガイドによって救出されたのです。彼女は生前に受けた悲しみや苦しみがあまりに強かったため、中間世へ戻る道を見失ってしまったのでしょう。本来戻るべきソウルメイト・グループの仲間たちも彼女を待ち続けましたが、次の人生の準備を遅らせることができないとの理由で、彼女は新たなソウルメイト・グループである私たちの一員となったのです。

彼女が発する強烈な悲しみの光は、私たちソウルメイトの魂を震わせました。ソウルメイトFが強制収容所で感じた恐怖と絶望をシェアすることは、私たちがもつエネルギー体に相当の痛みを負わせます。

なかでも第一次世界大戦下でドイツ軍の従軍医として戦地に赴いた経験をもつソウルメイトCは、耐えられないほどの苦痛を味わいました。

「たとえ時代は違っても、ドイツ軍の残虐な行為は決して許されない。心からお詫びします」とソウルメイトFに対して詫び続けました。

本来であれば、ソウルメイト同士が激しい感情（色の発光）を表に出すことはありません。なぜなら、感情はシェアリングのプロセスを妨げ、衝突や混乱につながりかねないからです。しかし、このときのソウルメイトCは例外でした。それだけソウルメイトFの体験が壮絶だったと言えるでしょう。

ソウルメイトCは、ソウルメイトFを幾度となく慰め、熱心にサポートしました。そして、ソウルメイトFの新たな人生が計画されたことを見届けると、ソウルメイトFの体験をすべて引き受け、内戦が続くアフリカの村に女性として生まれ変わりました。そして部族同士の争いに巻き込まれ、敵の部族にレイプされ、地雷を踏んで片足を失うという辛い体験をすることを選んだのです。

ソウルメイトCの勇気ある決断と、深い慈愛はやがて実を結ぶこととなります。

今世では日本に生まれ変わり、中間世におけるソウルメイトとのシェアリングの記憶を取り戻すことができた私は、幸運なことに、このソウルメイトCのその後を知ることができました。

あるとき私は、テレビ番組で、内戦の被害にあったまだ若い黒人女性として生きるソウルメイトCを見つけたのです。彼女は、内戦によって片足を失って深く傷つき、国境なき医師団によって救われ、ドイツのリハビリセンターで治療を受けていました。私は、不思議ななつかしさと、胸を締め付ける感動で、彼女から目が離せなくなりました。

生まれ変わり姿は違っても、瞳やエネルギー体の輝きは変わることがありません。私は彼女の悲しくも清らかな瞳のなかに、なつかしい友の魂の光を見たのです。その黒人女性こそ、あの心優しい従軍医だったソウルメイトCでした。

その映像では、ソウルメイトCがドイツでの治療後にアフリカへと戻り、同じように傷ついた子どもたちを助けているということを伝えていました。ソウルメイトCは、片足を失いながらも生き延び、人種差別や暴力を根絶するための活動を行い、多くの弱者を救うために働いていたのです。

私は、ソウルメイトCの素晴らしい生き方に感動し、中間世で再会した際にはぜひ体験を共有したいと心から願わずにはいられませんでした。

見事に秩序立った生まれ変わりのシステム

ソウルメイト・グループは互いに体験をシェアし成長を支え合います。さまざまな体験を分かち合うことで意識を拡大させ、すべての体験を完全に終了した者は、最終的な段階で神聖な存在となるのです。

また、肉体をもったソウルメイト同士が今世で直接出会うことはありません。同じ時代、同じ国で人生を過ごしてしまうと、体験が重複してしまい、その分だけ成長が遅れてしまうからです。

魂が生まれ変わるシステムとそれに関わる中間世の存在は、驚くほどに秩序立っています。そこには魂を進化成長させるための普遍的な宇宙の原理が働き、私たちを常に正しい方向へと導いてくれているのです。

今世では直接出会うことのないソウルメイト・グループの人たちとも、潜在意識の領域ではしっかりとつながっています。

とくに就寝中はスピリチュアルガイドのサポートを得て、私たちは知らず知らずのうちに他のソウルメイトと情報交換を行っています。苦しみや悲しみ、愛や喜びを体験するたびに、その思いは魂の友へと届いているのです。

気づいていないでしょうが、私たちはいつもスピリチュアルガイドやソウルメイトから励まされ、勇気づけられています。まるで目に見えない世界でのメール交換のように、それぞれのメッセージは大切な仲間の深層意識へ送信されているのです。

肉体を離れて中間世へ戻るそのときまで、一人ひとりが人生を味わい尽くすようにサポートし合っています。だからこそ、すべての体験を終えて中間世へ戻ったとき、私たちは再会を喜び合うことができるのです。

ソウルメイトとのシェアリングは、光のネットワークを通じて膨大な量の情報をやり取りします。互いの光が重なり合うことで、相手の人生すべてが共有されるのです。これを「光との対話」と表現してもいいでしょう。

感情をもった光は色の違いで見分けることができます。たとえば、深い悲しみをたたえた魂は青く発光しています。その光を自らのエネルギー体に通過させるかたちで感情を受け取り、相手を慰めると同時に、その体験はソウルメイト仲間の新たな輝きの要素となるのです。

中間世では人生を良し悪しで評価しない

中間世では、それぞれの体験に良し悪しなどの評価を下しません。被害者として、あるいは加害者としての苦悩に満ちたストーリーであっても、ソウルメイトは学びと癒しをもたらす価値ある体験として受け入れシェアします。

たとえば、ソウルメイトの一人が背負いきれないほどの負のカルマをもち帰った場合、仲間数人でその重荷を分け合います。どのような人生を送った魂でも、中間世に戻ってきた際には「よく帰ってきましたね」と仲間から喜びで迎え入れてもらえるのです。

まずは一つの人生を体験し終えたことに対して祝福を受け、愛と感謝の光で包まれます。ソウルメイトとの再会を喜び、そして互いの体験をシェアリングできる幸せをかみしめるのです。

人生を良し悪しで評価しなければ、死後の世界には天国も地獄もないということになるでしょう。ただし、中間世で練り上げた計画を次に生まれ変わった人生で無視したり、ないがしろにした場合には地獄のようなつらい思いを味わうことがあります。

これほどまでに自分を愛し、受け入れてくれているソウルメイト・グループの仲間に対して、「計画通りの人生を歩むことができず、本当に申し訳ない」という気持ちが、自分で自分を徹底的に追いつめてしまうのです。そんなときは「仲間から批判されたほうがずっとラクだ」と感じるはずです。

情けなくて身を隠したいと思いながらもソウルメイトとのシェアリングを続けていくと、いつの間にか気持ちが癒され、心を新たにして次の人生の計画を立てることができるようになります。そして「今度こそ負のカルマを解消し、正しい道を歩んでいこう」と改めて決意するのです。


サイババは、講話のなかでこう伝えています。

「この世のすべてが神の存在を指し示しています。サトウキビの甘さ、唐辛子の辛さ、タマリンドの酸っぱさ、ニームの苦さなども神の存在を示すものです。空の星、太陽の明るさ、月の涼しさ、寄せては返す海の波の動きなどもまた神の原理を示しています。いずれも神そのものを直接見せてくれるものではありませんが、神の原理が存在する証拠とはなるでしょう」

この教えが示すように、地上でさまざまな形を見せる生命は、神の原理を表しているのです。見るもの、聞くもの、触れるもの、味わうもの、嗅ぐもの……といったすべてを通して、私たちは神聖な存在との交わりを体験しています。そして、幾度となく生まれ変わるなかで体験を重ね、すべてを体験した魂は新しい神になるのです。

そう考えると、地上での体験はいかに貴重で素晴らしいものかがわかるでしょう。大自然の息吹に神聖さを見出したとき。他者を愛し、奉仕したとき。どんな困難にあっても自らを信じ、愛し続けたとき。それらの体験は素晴らしい光となり、すべてのソウルメイトにとってかけがえのない宝になるのです。

第5章

胎内記憶からの貴重なメッセージ

MESSAGE

中間世で得た情報や胎内での体験は
その後の生き方に大きな影響を与えます
なぜなら、受精卵に魂が入ったときが
人生のはじまりだからです
中間世での計画や使命、胎内記憶を取り戻すことは
今世を生きるうえで非常に重要なのです

シェアリング情報にもとづいた人生の計画

中間世で行われるソウルメイトたちとのシェアリングにより、私は次に生まれ変わる人生の計画を立てました。いよいよ計画が完成する段階になると、ソウルメイトと相談し合うこともなくなり、スピリチュアルガイドのサポートのもとで詳細な事柄を一つひとつ決めていきます。

一つ前の世代の体験で深く傷ついた場合は、最終段階までソウルメイトが寄り添うこともあれば、その負のカルマを誰かが代わりに引き受けることがあります。とはいっても、次の人生で何を使命とするかは、本人の自由意思により決定するのです。

使命とは、命を使って行うことを指します。私たちが生まれる前に決めてきた神聖なる目標と言えるでしょう。その使命を思い出すことは、魂の在り方、真のアイデンティティを取り戻すことにつながります。

ソウルメイトとシェアリングした情報にもとづき、スピリチュアルガイドから的確な指導を受けながら、私は綿密な人生の計画を練り上げ、次なる使命を決定しました。

それではここで私が中間世で得た情報、すなわちソウルメイトと共有した体験とそのテーマを整理してみましょう。

【自分の過去世】
南インドでの男性修行者
……魂の世界の探求。
サイババとの再会の約束

【ソウルメイトA】
教師を目指したイギリス人女性
……人を教え導く能力

【ソウルメイトB】
墓守のアメリカ人男性
……命の根源と宇宙の法則

【ソウルメイトC】
従軍医のドイツ人男性
……人を癒し助ける者となること

【ソウルメイトD】
奴隷のアフリカ人女性
……どんなにつらくても
生き続けること

【ソウルメイトE】
獣医を目指したアルゼンチン男性
……すべての生命を愛し助けること

【ソウルメイトF】
ナチスの迫害を受けたユダヤ人女性
……他者の苦しみ痛みを知ること

今世の私の計画ですが、魂を見送る墓守だったというソウルメイトBの体験と、過去世２世代前で牧師をしていた私自身の体験から、クリスチャンとして信仰生活を送ることを選びました。また、獣医を目指していたソウルメイトEとの約束により、獣医になって命あるものすべてを愛することで神聖な意識に近づくことを決めたのです。

さらには、従軍医だったソウルメイトCからは心・体・魂を総合的に癒すヒーラーになることを、教師を目指していたソウルメイトAからは人を教え導く立場になることを引き継ぎました。

アフリカ人奴隷だったソウルメイトD、ナチスの迫害を受けたソウルメイトFからは悲しみや苦しみとそれを理解する哀れみの心を引き継ぎ、悩み苦しむ者を救うという決意を固めたのです。

中間世で練られる次の人生計画は、シェアリングの情報以外にもソウルメイト・グループ全体のテーマや自身の過去世（とくに数世代前までの人間関係や背負ったカルマ）にもとづいて決められます。さらにはこれから先の魂の成長や発展を見越して、細部にわたり検討します。

とはいえ、ここにあげた要素はほんの一部にすぎず、さまざまな条件と本人の意志により使命が決まるのです。

今世における私の使命は、「過去を解き明かし、未来を語り、癒す者」です。解き明かす過去とは、時空を超えて存在する魂の謎を意味します。つまり、過去・現在・未来へとつながる〝失われた魂の記憶〟、ミッシングリンクを解き明かすのです。そして、「すべての生命は、神聖な存在となるために生まれ変わる」という真実に光を当て、悩める者の魂を癒し、明るい未来へと導きます。


中間世で次の人生の計画を立てる際には、どの国の、どの家族のもとに生まれるかを決めるわけですが、その選択基準にはたいてい意味があります。たとえば、過去世で解決できなかった人間関係を学び直すために、ある国のある家族を選ぶケースもあれば、許したい人や助けたい人との再会を願って身近にいられる環境を選ぶケースもあります。

何らかの能力を発揮したいと思えば、(国・宗教・性別・家族など)それを実現できる環境を選ぶでしょう。加害者だった者は被害者になり、貧しさに苦しんだ者は豊かな人生を求め、戦争を経験した者は平穏な人生を選ぶ……というように、過去の体験とは対照的な生き方をする場合が少なくありません。過去世でキリスト教徒だった人が、のちにイスラム教徒やユダヤ教徒に生まれ変わることもよくあります。

いずれにしても大切なのは、今世のあなたがどんなにつらい環境や立場だったとしても、魂は気高く勇敢であり続けるということ。そのためにも、自らが人生計画を立てたと思い出すことが必要なのです。

私が日本人として生まれ変わることを選んだ理由はいくつかありますが、なかでも過去世で密接だった魂との関係が大きかったように思います。

中間世で計画を立てているとき、はじめに出てきた願いは「温かい家庭に生まれ、普通の幸福な少年時代を送りたい」というものでした。

南インドの過去世では、イギリス人の父とインド人の母のあいだで争いがあり、決して平和な家庭とは言えませんでした。その記憶が甦ったことで、今度は穏やかな家庭で普通の生活を送ってみたいという願いが強く湧き上がったのです。
そのとき、2世代前のイギリスでの過去世が鮮やかによみがえりました――。

✳母の魂と出会ったイギリスでの過去世

1768年、私はイギリスの小さな田舎町に牧師の長男として生まれました。3つ上の姉と2つ下の妹がいる5人家族で、将来は父の跡を次いで牧師になることを両親から期待されていたのです。

熱心に活動する牧師として人々から尊敬を集めていた父親と、教会の婦人会をまとめていた母親はいずれも忙しく、家にいることが少なかったため、私は父方の祖母に預けられました。祖母は、一家の跡継ぎとなる私に対して愛情いっぱいに接し、「息子よりも孫のお前のほうが可愛い」と言うほどでした。そんな祖母に私も甘えていたため、両親は私の将来を心配し、祖母に「甘やかし過ぎだ。もっと厳しく接してほしい」とたびたび忠告したのです。

当時のイギリスでは子どもが個室で寝ることは当たり前でしたが、寂しがり屋の私は夜中に自分のベッドを抜け出し、祖母のベッドに潜り込んでよく一緒に寝ていました。そんな私のために、祖母はいつも自室のカギを開けたままにして、ベッドに入ってきた私をそっと抱きしめてくれるのです。

一度、そのことを姉が両親へ告げ口したこともありましたが、そのときも祖母が私をかばってくれて、以降も一緒に寝ることが許されました。3人きょうだいでしたが、姉と妹は仲がよかったため、私は両親やきょうだいよりも祖母と過ごす時間のほうが長かったのです。

ところが、私が9歳のときに祖母は体調を崩し、寝たきりの状態になりました。「どうか、おばあちゃんを助けてください。おばあちゃんの病気が早く治りますように」と必死に祈りましたが、その願いも届かず、翌年に祖母は息を引き取りました。

祖母の愛情が唯一の慰めだった私は、葬儀の際も別れを受け入れることができず、棺に納められた遺体にすがりついて泣き続けました。墓地で見送ったあとも、「どうか、おばあちゃんに再会させてください」と祈らずにはいられなかったのです。


その後、成人した私は神学校を経て、父の跡を継ぎ牧師になりました。教会のために働き、人を教え導く牧師になることを目指したのです。

毎週日曜日には熱心に説教を行い、信者からの相談を受け、しだいにまわりからも認められていきました。

今世でも教会の指導的立場になり、教会員の前で説教を行うことがありましたが、その際に「以前も同じことをやったことがある」という懐かしいデジャブを覚えたのはこの過去世の記憶が影響していたのでしょう。

いっけん順調に見える牧師生活も、心のなかでは祖母への喪失感を抱えたまま悲しみに浸っていました。愛する者を亡くしたことで、人の死について深く考えるようになり、この体験はのちの信仰生活にも大きく影響したのです。

中間世での私の魂は、こうして2世代前のイギリスでの過去世がよみがえったことで「あの優しかった祖母の魂にまた会いたい」と願わずにはいられませんでした。

いまはどこにいるのですか？　とスピリチュアルガイドにたずねたところ、このように答えてくれました。

「過去にあなたの祖母だった人の魂は、いま日本人女性として生まれ変わり、結婚し子どもを産んで幸せに暮らしています。彼女は、かつて過去世で暮らしたイギリスの地と非常によく似た福島県の小さな田舎町に生まれ育ち、夫と長女・長男とともに温かい家庭をつくっています」

私にも、彼女のいまの暮らしぶりがはっきりと見えました。４・５次元の中間世では、思いが瞬時に映像へとつながります。それは肉眼で見るような感じではなく、必要な情報（映像）をエネルギーとして受け取るのです。

「かつて祖母だった彼女のもとに生まれたら、私は仲のよい家族に囲まれ、幸せで安定した人生を送ることができるだろう」

このようなきっかけで、私はまず母になる人を探し当て、日本人に生まれ変わることを選んだのです。

続いて、次の人生で母・父・兄・姉となる魂との関わりについてもスピリチュアルガイドから指導を受けました。また、縁あって結ばれるパートナーの魂についても教えられました。このようにスピリチュアルガイドは、未来世で関わる魂との出会いについても計算に入れ、指導してくれるのです。

人と人との出会いに偶然はありません。そこには過去・現在・未来へとつながる時空のなかで、綿密な計算にもとづき設定されているのです。大いなる存在の力が働いていることは間違いありません。

このとき日本を選んだ理由には、かつて祖母だった魂との関係だけでなく、日本という国が良くも悪くも宗教に対しておおらかな環境だったこともあげられます。キリスト教など、人が生まれ変わることを信じない宗教の影響がある国では、「過去を解き明かし、未来を語り、癒す者」という使命を果たすことに制限が出てしまうからです。ある意味で宗教にしばられない日本であれば、メッセージを伝えやすいだろうと考えたのです。

死ぬほどつらい体験も自らが選んでいる

中間世で行われる次の人生の計画は自分だけのものではなく、ほかの魂とも複雑にからみ合い、互いに重要な役割を担うように計算されています。ソウルメイト・グループ以外の魂ともスピリチュアルガイドを通してコミュニケーションを取りながら計画は作られるのです。

実際にも、自分の両親を恨み、こんな環境に生まれたくなかったという人は少なからずいることでしょう。そういった場合でも、生まれる前に自分自身が計画した人生なのです。

過去世では敵同士だった関係の魂が、今世では家族になることも珍しくありません。その人生はかつて争った相手を許し、愛することを学ぶためのものであり、葛藤しながらも互いが血縁者になることで負の感情を乗り越え、魂を高め合うことを目的とします。さまざまな経験を通じて愛と許しを実践することで、私たちは神聖な存在へと向かうのです。

自分の人生に関わるすべての魂が進化成長できるように、中間世では綿密な計画が練り上げられます。そこに大いなる存在の意思が働いていることは間違いありません。

人智を超えた力のサポートがなければ、誰もが的確かつ完全な人生を送ることはできないでしょう。

すべての魂は多次元でつながっています。あなたの人生の計画は、別の誰かの計画につながり、それがまた別の誰かの計画につながる……。私たちはこのようなネットワークのなかに存在し、それぞれに影響し合いながら体験を積み重ね、高め合っているのです。

中間世では、自身の過去世やソウルメイト・グループでのシェアリング情報にもとづき、まずは「次の人生で何を成し遂げるか」を最優先に検討します。それから人生で起こる出来事の詳細を決めていくのです。

たとえば、被害者としてのつらい過去世を体験した場合、中間世に戻ったその魂は、被害者の悲しみや苦しみをソウルメイトとシェアリングし、およそ3パターンの未来世を計画します。

①加害者だった魂と出会い、すべてを許す人生

②問題を解決しないまま、次の人生に持ち越す人生

③過去を許せず、加害者だった魂に復讐する人生

重要なのは、自分の自由意志によってこの3パターンある計画のうちのいずれかを選択するため、あらかじめ確定された人生ではないということ。どのように体験するかが大切なのです。

たとえば、身に起こる事件や事故や災害などは、最初から悲劇を起こすように計画されていたわけではありません。あくまでも本人の自由意志にもとづいておおまかな計画のうちの一つが選択され、体験として実行されるのです。

計画とは決定事項ではなく、あくまでも私たちが達成すべき目標であり、そのために重要なのが精神性です。

もしも私たちが選択をあやまったとしても、誰かに責められたりはしません。大いなる存在より「最低でも3世代の人生で学びを終わらせなさい」「今世こそ、使命を成し遂げなさい」と強要されることはないのです。かりにその人生で使命が達成されなくても、生まれ変われば何度でも再チャレンジできます。輪廻転生とは、私たちが使命を達成するまで待とうという大いなる存在の愛そのものです。私たちの自由意志に任せられているからこそ、貴重な体験の機会となります。

次の人生では重い病気を体験するなど、自らを高めるためにあえて試練を選択することもあります。

私の場合、家族を喪うことは中間世で計画したことでした。火災事故で亡くすという具体的な方法を決めたわけではありませんでしたが、愛する家族を喪うという体験を通して、生まれ変わりの真理に目覚めることを目的としたのです。そして、妻と娘の魂がその私の計画に協力してくれました。妻と娘にもそれぞれに過去世からの計画があり、それが実行されたのです。

私にとっては死ぬほどつらい体験でしたが、あの出来事によりその後の人生が大きく展開しました。

事件や事故、あるいは災害や病気により、人生の道半ばで亡くなる方もいるでしょう。そのような場合はたいてい「早くに肉体を離れることで、自分に関わる魂たちに気づきを与えよう」と計画してきます。そして、後に残された魂たちは「大切な人を亡くす」という体験を通じて、真の自分の生き方に目覚めていくのです。

一つひとつの魂は、想像を超えるほどの勇気と気高さをもっています。そして、耐えがたいほどの苦しみや悲しみさえも、お互いに神聖な約束を交わしたうえで自ら体験することを選んでいるのです。

✳肉体をもって人生を体験することの重要性

中間世での計画を終えて生まれ変わる準備ができた私は、いよいよ地上に降りるときを迎えました。ソウルメイトとスピリチュアルガイドに見送られ、私は中間世から旅立ち、地上へとつながる光のトンネルを目指しました。

そこでは魂の次元レベルの変換が行われます。4・5次元（中間世）から4次元、3次元へと降ろされ、肉体をもって体験するのに適した次元レベルとなるのです。

中間世では、肉体ではなくエネルギー体で数多くの学びと情報の共有が行われましたが、4・5次元レベルのエネルギー体では地上での暮らしにマッチしません。肉体をもって学ぶには、次元レベルが高すぎると支障があるのです。

次元レベルが異なる体験について、ここでたとえ話を紹介しましょう。

パイロットのフライトシミュレーションを思い浮かべてみてください。コックピット型のシステムに入り、モニターを前にして操縦かんを握ります。そして日本からアメリカへの航路を選択しますが、何十回、何百回と訓練を重ねても、当然ながらアメリカに入国した記録は一度も残りません。

シミュレーションによって離着陸など操縦のスキルは高まるかもしれませんが、実際に飛行体験する機会がなければ、その訓練は何の意味もないのです。

中間世でシェアリングするソウルメイトの体験は、人生の計画を立てるうえでのナビゲーションとなります。どのような経験をすれば望む結果が得られるか、効率よく判断することができるからです。

しかし、ソウルメイトとのシェアリングは、自ら肉体をもって体験することとは異なります。それが生々しいほどのリアルさをともなっていても、あなたの魂に刻まれる記録にはなりません。

たとえれば、あなたがパイロットで、ソウルメイト（の体験）はフライトシミュレーションのようなもの。最新テクノロジーを用いて高度な操縦法を修得しても、実際に飛行しなければ何の実績にもなりません。

一方、地上での肉体をもった体験は、そこに湧き起こる感情も含めて、そのすべてが自分の魂に刻み込まれます。ときには悲しみや苦悩、ものや人への執着、不安や怖れといった負の感情に振り回されることもあるでしょう。私たちは地上に生まれた瞬間から魂の記憶が封印されるため、肉体というしばりがあるなかで必死にもがきながら生きるのです。

そういった状況に置かれながらも精神性の高い選択をすることで、あなたの魂は進化成長し、真の自分を取り戻すことができます。だからこそ、私たちにとって生まれ変わることは非常に大切なのです。

過去の記憶を保管する光のトンネルのしくみ

興味深いことに、中間世の次元と地上の次元とをつなぐ光のトンネルは、一人ひとり専用のものになっています。それは「じょうご」のような形状で、次元の高いほうが広がり、下へ向かうにしたがって狭くなります。

中間世で計画を立て終えて再び地上に降りる魂は、次元を下っていく過程で、過去世などの重要な記憶を光のトンネルに預けます。クラウドコンピューティング（自身のデータなどを、インターネットのネットワークを用いて管理するサービス）のように、膨大な量の魂の記録を光のトンネルに保存し、必要に応じて（ダウンロードするように）利用できるシステムなのです。

中間世から地上へ降りる際には、膨大な量の情報をもっていくことができません。そのため、光のトンネルから限られた量の情報を取り出して生まれ変わります。４・５次元レベルの中間世で得た情報をすべて抱えて地上に降りれば、平均寿命80年の肉体をもった人間ではその情報量を処理しきれず、パソコンがフリーズするかのように故障してしまうでしょう。もちろん、その人生で体験したことを新たに書き込むこともできません。かりにあなたが魂の記憶をすべて取り戻せば、人生80年では消化しきれないほどのテーマを抱えて混乱し、日常生活に支障をきたしてしまいます。そのために人は今世で達成可能なテーマを設定し、それに必要な量の情報だけをもって生まれるのです。

地上で肉体をもって生きるためには、精神的活動を制限する必要があります。なぜなら、エネルギー世界につながるような精神的活動ばかりを優先してしまうと、衣食住などの社会生活がおろそかになり、最終的には肉体を維持することが難しくなるからです。

魂の乗り物である肉体を健全に維持するためには、感情や本能にしたがうことを避けてはいけません。さまざまな体験を通じて魂が成長すれば、次第に精神性を追求するようになり、自らの使命を実現するためにエネルギーを使うよう進化できるのです。

まれなことですが、意識を拡大させた精神性の高い魂が地上に降りることもあります。彼らは輪廻転生のなかで精神的な学びを達成した者や、人としての転生をいったん終了した者であり、他の魂を教え導く目的で生まれてきます。

彼らは意識レベルが高く、エネルギーや情報に対する容量が大きいため、高い次元のメッセージをたずさえて地上で活動します。

私たちは今世での体験と気づきを重ね、意識が拡大したぶんだけ、地上で発揮できるエネルギー（オーラ）の容量が大きくなります。

精神性が高まるほどに魂の器は大きくなり、4・5次元から上の次元で得た情報を所有したまま地上に降りることができます。つまり、中間世から得た情報量をどれだけもって生まれるかは、個々人の精神的レベルによって違ってくるのです。

全部で7層あるオーラのうち、もっとも内側にある第1層は物質的なエネルギーに近く、肉体の活動や維持に関わっています。続いて第2層は感情や心の動きを表し、現実的な生活に大きく関わっています。

そして高い精神性をもつ人は、オーラの第3層（精神性）、第4層（神聖なアイデンティティ）、第5層（過去・現在・未来の時空と記録）、第6層（神聖な存在とのつながり）、第7層（神の意識）などの割合が大きいことが特徴です。これらは神聖な力が内在するオーラの層となっています。

聖者は別として、生まれ変わりの旅の途中にある魂は、すべての過去世（あるいは未来世）の記憶を自分専用の光のトンネルに預けています。それは膨大な量の魂の歴史を金庫に保管しているようなものです。

中間世でのシェアリングを終えて地上に降りる際、金庫から必要な量の記憶を取り出し、それをたずさえて生まれます。

また、肉体をもった状態でも光のトンネルにアクセスして必要な情報を引き出すことは可能です。たとえば、ソウルメイトやスピリチュアルガイドと交流をもつとき、それより上の神聖な存在からメッセージを受け取るときなどに光のトンネルへつながるのです。私自身、かつて飛行機の機内で自らの過去世の絵巻物を見せられたときに、その状態が起こったのだと確信しています。

魂が地上へ降りる際には光のトンネルを通りますが、徐々に次元が下がると中間世での4・5次元レベルの情報はそぎ落とされ、肉体に必要な情報だけが残ります。

こうして次元が変換された魂は、いよいよこの世に誕生する準備を整えます。そして、母親となる人のへその穴から入ってへその緒を通り、子宮にある受精卵を目指すのです。

計画に沿って生きるためのセキュリティシステム

中間世で立てた計画にもとづき、今世をゼロからはじめることによって目的を達成するための集中力が生まれますが、もしも人生が一度だけでないことを知ってしまえばどうなるでしょうか。つまり、何度もくり返し生まれ変わってやり直しがきくとわかれば、「人生は一度しかないから頑張る」という意識は薄れるに違いありません。

とくに精神レベルが高まっていない人は、「次があるのだから、今世はラクに生きよう」「永遠という時間があるのだから、使命はいつか達成すればいい」などと考え、生きることに怠惰になったり、やりたい放題に行動するケースも出てくるでしょう。

さらには命を粗末にする人もいるかもしれません。たとえば、自分の置かれた境遇に納得がいかなければ、よりよい人生を求めて今世をすぐにリセットしようとするでしょう。中間世で体験しようと決めてきたあらゆる試練も、こうして逃げるクセがついてしまいます。

このようなリスクに備えて、地上で肉体をもったときに中間世での計画が意識の底に封じ込められるのです。

人生の計画を忘却するというセキュリティシステムは、次元が変換される光のトンネル内で作動します。過去世や中間世でのほとんどの記憶は光のトンネルで保管されるため、まったく初めての体験として母親の胎内に入り、この世に誕生するのです。

精神レベルが低い魂の場合、前述したように生まれ変わりのシステムを悪用する可能性も出てきますが、精神レベルが高まると、使命を果たすために今世では何をすべきか……という気づきが自然と起こるようになります。

不安や怖れが少ないので先々の見通しが立ち、「今世の自分の人生をしっかり生きよう」という意識になるのです。

いずれにしても、セキュリティシステムが働くことで私たちは過去世や中間世の記憶を忘れ、今世を「一度しかない人生」と認識します。それは一人ひとりが自らの使命を果たすための宇宙の配慮とも言えるでしょう。

胎内記憶により負のエネルギーを解消

これまでにも私は、数百世代にわたる自らの過去世（中間世で得たソウルメイトの過去世や今世の使命なども含む）を取り戻してきました。そして、光のトンネルを使って地上に降りたところまではしっかりと思い出したのです。

そこで、今世のルーツとも言える胎内記憶を取り戻したいと願うようになりました。過去世や中間世の記憶と、今世の自分とをつなげるためにはどうしても必要な情報だったからです。

現在の自分から思春期を経て少年期、幼少期、乳児期へと一歳ずつ年齢をさかのぼった私は、とうとう胎児期まで意識を戻しました。そのときに感じたのは、暗く窮屈な場所に閉じ込められている自分でした。すると、背後から押し出されるような圧迫感を覚え、それに耐えていると、いきなり真っ暗闇の世界から光の世界へ引っ張り出されたのです。

それはまさに産道を通ってこの世に誕生した瞬間でした。お産婆さんによって産後の処置をほどこされた私は、たらいのなかで白い布を当てられ、ていねいに体を洗ってもらっています。

自分が誕生したという感動的な瞬間に立ち会った私は、続いて子宮にいた頃へと意識を戻すことにしました。試行錯誤の末に時間が巻き戻されていき、自分の体がどんどん小さくなっていきます。子宮にいた頃の断片的な映像が脳裏に浮かび、ついに私の魂が母の受精卵に入った瞬間を思い出したのです。

胎児の私は、母の声をしっかりと認知していました。ときどき誰か別の人の声も聞こえましたが、ひとつの体を共有する母の声とは明らかに異なります。母の声は、物理的な音として聞こえるのではなく波動として全身に響いてくるのです。それはエネルギーの交流とも言えるでしょう。一方で、別の人の声は羊水を通して伝わるため、こもった音に聞こえます。

胎児の私は、自分の体を包み込む母の声に対し、常に意識を向けるようになりました。母の声とともに、その感情のゆらぎもリアルに伝わってきます。

月齢が進むと、その感覚はさらに鋭くなっていきました。母が寂しさを感じると羊水が冷たくなり、怒っていると羊水が波立ちます。安らかな気持ちのときには自分もお風呂に入っているような癒しの感覚になるのです。

ところが、妊娠3カ月を過ぎた頃から羊水の状態が不安定になり、異変を感じるようになりました。「母が不安でいっぱいだ……」と感じ、私も不安な気持ちにあおられるようになったのです。

ある日のこと、「お腹の子は産みたくない」という母の声が聞こえました。おそらく父との会話だったと思いますが、羊水を通すと声がこもるため、誰が何を言っているのかはっきりとはわかりません。

その瞬間、子宮が動いて羊水が激しく波打ち、母親の不安が自分のものとしてダイレクトに伝わってきました。そのときに「自分は生まれることを望まれていない、不必要な存在だ」と強く感じてしまったのです。


こうして胎内記憶を取り戻した私は、母に、私を身ごもってすぐの頃のことをたずねてみました。

「信じられないかもしれないけれど、お母さんがお腹のなかにいる私を『産みたくない』って言ったことを覚えているんだ。それで私は『いらない存在なんだ』と思い込んでしまったんだ……」

べつに母を責めたいわけではなく、自分の胎内記憶が正しいかどうかを検証するための質問でした。

一瞬、驚いた表情をした母はすぐに何事もなかったかのように取りつくろい、「そんなバカなことは言わない。昔のことなど覚えてない」と否定したのです。

自分の記憶は思い違いだったかもしれないと、再度、胎児の頃に意識を戻して確認しましたが、やはり「お腹の子は産みたくない」という母の声がします。

不思議に思っていると、その数日後に母が私を呼び出しました。そして、こう言ったのです。

「じつは、お前のお兄ちゃんとお姉ちゃんを産んだあとに生活苦からお腹の子どもを堕しているの。しばらくしてお前を授かったけれど、相変わらず生活が苦しくて、今度も産めないと思った。もし生まれてきたとしても、きっと貧しい生活で苦労させてしまうから……」

母は涙ぐみながら、さらにこう続けました。

「でもお父さんが『今度は堕さないで産んでほしい』と言ってくれたので、生活の不安はあったけれど産むことにしたんだよ。わかってほしいのは、お前がいらないからではなく、苦労させたくないという気持ちから、あのように言ってしまったんだよ」

幼い頃から母親に十分愛され、きょうだいの誰よりも甘やかされて育った私でしたが、心のどこかで「自分は姉や兄に比べて必要のない存在だ」という思いが心の奥にくすぶっていました。

胎内記憶により、ようやくその謎が解けたのです。自分は「いらない子」ではなく「必要な子」だったことがわかると、長年抱えていた負の感情は瞬時に解消され、それと同時に私の胎内記憶が正しかったことも証明されました。

こうして私は過去世や中間世の記憶と、今世の自分とをつなげるために胎内記憶を取り戻し、すべての魂の歴史が一つになったのです。

受精卵に魂が入って人生がスタートする

胎内記憶を取り戻した私は、改めて次のことを理解しました。

人生がはじまる瞬間とは、この世に誕生して産声を上げたときではなく、受精卵に魂が入ったときだということ。そして胎内での環境がその後の人生の基礎となり、気質や性質はもちろん、エネルギーセンターであるチャクラ、エネルギーフィールドであるオーラにも影響を与えることがわかりました。

胎内記憶とは、今世のはじまりの記憶を意味します。胎児のときに何を感じ、何を学んだか。肉体と精神の創造期に体験したことを思い出せば、自分がどのように生きるべきか明確になるでしょう。

これまでにも私は、多くの人の生まれ変わりをリーディングしてきましたが、たいてい母親のへその穴から入った魂はそのままへその緒を通り、受精卵に入ります。つまり、この瞬間に精子と卵子が合体（受精）して生命がはじまるのです。

興味深いことに、魂が母親の胎内にいつどこから入るかは、その人の性格に左右されます。せっかちな人は受精前に子宮へ入り、そのタイミングを待ち続けることがあります。逆にのんびりした人は、受精して細胞分裂が起きても魂のまま母親のまわりをうろつき、胎児が成長してようやく母親の口から胎内に入ることもあります。


流産の場合は、受精卵に魂が入ったものの、生まれ育つ環境が中間世で計画した条件と合わなくなり、「このお母さんではない」と肉体を離れることを指します。計画と合わないために互いの魂の同意にもとづいて離れるのです。

死産の場合は、受精後に胎児として成長したものの、「やはり、このままでは目的が達せられない」と判断して肉体を離れることを指します。

いずれも魂の意志で行われることであり、母親に問題があるわけではありません。深い意識レベルでは、流産や死産も、母と子の関係となる魂同士の同意があってはじめて実行されるのです。

ただし、堕胎の場合は少し意味合いが異なります。両者の同意ではなく母親の判断で堕すため、肉体から離された魂は「自分は、信頼した人から見捨てられた」という記憶をもつことがあります。この負のエネルギーは、再び別の人のお腹に入ったとしても傷や障害となって残ります。

そして、中絶により肉体から離れた魂は中間世には戻らず、そのまま生まれるべき場所を探してどうにか計画を実行しようとするのです。

中間世での魂には肉体的感覚はほとんどありません。それが受精卵に入ると徐々に過去世での五感がよみがえり、子宮内の温かさや母親の鼓動を感じるようになります。そして、母親に守られている安心感とともに「この人の胎内で育ち、生まれ変わるのだ」と実感していくのです。

温かい羊水に浮かびながら少しずつ肉体を形成していくなかで、新しい肉体をもった魂は、次なる人生を体験する期待を日に日に募らせていきます。個人差はあるものの、私の胎内記憶で言うと、妊娠3カ月頃（精神性が高い時期）までは中間世の記憶を覚えていましたが、肉体が徐々に形成されるにしたがい、今度は逆転して肉体的感覚が強くなります。心臓を動かしたり、体の各器官を作るには肉体に意識を向けなければなりません。そのため、魂（精神）レベルの高い意識はやがて封じ込められ、妊娠6カ月を過ぎる頃には、今世に関係する重要な過去世など必要な記憶だけが残ります。

ソウルメイトの存在や中間世で決めた計画などの記憶は薄れていき、生まれる寸前には不安や怖れといった負の感情を抱くようになります。そして「これからはじまる人生という大冒険」に向けて勇敢にも狭い産道を進み、いよいよこの世に誕生するのです。

母親とへその緒でつながっている胎児のときには安心感があるのですが、誕生後にへその緒が切られることで、母と子の魂は分離された状態になります。それでも潜在意識には中間世や過去世の記憶が眠っているため、乳幼児のなかには過去世や胎内記憶を覚えているケースもあります。

赤ちゃんは頭ではなくハートで物事をとらえるため、魂の記憶を保管する光のトンネルにも容易にアクセスしますが、言語能力が発達するにつれて魂の記憶とのつながりは薄れていきます。そして、３歳前後には知能が大きく発達することで、魂の記憶はすっかり忘れ去られるのです。

たとえそうであっても、私たちの意識の深いところには過去世や中間世での記憶が残されています。じつは意識せずとも、それらの大切な記憶とともに人生を歩んでいるのです。

生まれる前に完成する７つのチャクラとその特徴

胎児の肉体が作られるとき、同時に重要なエネルギーの器官であるチャクラやオーラも形成されます。このチャクラやオーラは、今世で果たすべき使命や計画によってもっとも適した形になります。

ちなみにチャクラとは、魂・オーラ・肉体をつなぐ重要なエネルギーセンターであり、主要7つはそれぞれに意味があります。

第1チャクラ：現実生活、仕事、結婚、家庭
第2チャクラ：感情、女性性、男性性
第3チャクラ：精神性、方向性
第4チャクラ：アイデンティティ、自らを愛し許し認める
第5チャクラ：コミュニケーション
第6チャクラ：神聖なものを見る第3の目、未来を知る、透視能力
第7チャクラ：神聖な存在とのつながり

これらすべてのチャクラは生きるうえで重要なものですが、個々人の使命や発揮したい能力によって、どのチャクラをとくに活性化させるかが決まります。

具体的にみていきましょう。豊かさを実現し、現実生活を十分に体験したい方は第1チャクラ。感情が豊かで、人生を楽しみ、心の結びつきを大切にする方は第2チャクラ。人に

喜びや希望を与え、目標達成に向けて励む方は第3チャクラ。自分が何者かを探求し、平和を愛し、癒しと平和を求める方は第4チャクラ。自由を愛する表現者で、コミュニケーション能力が高い方は第5チャクラ。スピリチュアルな道を選んで自らを高める方は第6・第7チャクラ……とこのように、その人の気質や性質によって活性化しているチャクラが異なるのです。

また、個々人の嗜好や向いている職業などにもチャクラは影響しています。たとえば、第1チャクラが活性化している方は、スポーツ選手など体を使う職業が適しています。第5チャクラが活性化している方は、作家や編集者、翻訳者などの言語に精通する職業が適しています。第6チャクラが活性化している方は、宗教家や哲学者、芸術家などに適しています。

とはいえ、これはほんの一例に過ぎません。どんな使命を果たすかにより各々のチャクラの比重が決まり、その人オリジナルのオーラを形成するのです。

胎児のなかに芽生えたチャクラは肉体が作られる過程で成長・完成し、まるで花が開くようにチャクラの中心軸から回転しはじめます。そして魂のエネルギーと肉体のエネルギーをつなぐセンター的役割を担うのです。

およそ妊娠3カ月からチャクラの形成がはじまり、6カ月でほぼ完成するあいだ、母親の第2チャクラと胎児の第4チャクラがつながります。すると、母親の感情がストレートに胎児へ伝わり、影響を与えるようになるのです。

母親の感情がおだやかであればその波動が伝わり、胎児はのびのびと成長していきます。かたや母親の激しい感情は、胎児にとっての激震です。母親の負の感情が衝撃波となって、胎児にそのまま伝わるのです。

もっとも強い感情は、自分自身に怒りを感じる自責の念。他者への怒りのほうがベクトルは外に向かうので、胎児への影響は少ないのです。

妊娠中の母親が「自分はなんてダメな人間なんだ」「こんな母親では、わが子を幸せにすることはできない」などの思いにとらわれると、その負の感情は内側に向かい、胎児の人格形成に大きく影響します。「自分はダメだ」という思いが胎児の魂に刻まれ、のちの人生で自尊心を育てることが難しくなるのです。

胎児の肉体が完成する妊娠6カ月頃には、魂が肉体をもった状態となるため、生まれたのちに発揮する能力や果たすべき使命によって、それぞれのチャクラの比重が決まります。いきいきと回転しながら、呼吸するようにエネルギーを摂り入れるチャクラは、魂の光を反映させながらオーラを輝かせます。このようにして私たちの魂は母胎で肉体をもち、十月十日《とつきとうか》を経て、オーラという美しい光の衣をまといながら生まれてくるのです。

すべての命は祝福を受けて誕生する

人生は、受精卵に入った段階からはじまります。そのため、とくに妊娠3カ月頃までの母親の感情や精神状態が、胎児のアイデンティティの形成に大きく影響するのです。妊娠中に感じた不安や怖れ、怒りといったネガティブな感情が根本原因となり、生まれたのちの母子関係に争いや葛藤、憎しみを生じさせることも珍しくありません。

それでも魂の次元からみれば、母親の魂は「自分の胎内に宿った命を守り、わが子を必ず幸せにする」という本質があります。また胎児も、「私の母となる魂は、たとえネガティブな面があっても本質は愛に満ちている。私はこの母から生まれることが大切なのだ」ということを理解しているのです。

まさに母子とはこのような神聖な関係であり、互いの魂の声を聞けば葛藤や確執を乗り越え、幸せな関係を取り戻すことができるでしょう。許し合い、認め合う母と子であるためにも、誰もが胎内記憶を取り戻し、この世に生まれた真の意味を理解することが望ましいのです。

現在も、私は胎内記憶やインナーチャイルドのための誘導を行っていて、多くの人がこれらの記憶を取り戻し、自分でも気づいていない潜在意識の傷を癒しています。胎児の頃に負った魂の傷も、そのときの記憶を掘り起して「自分は傷ついたんだ」と確認さえすれば、その傷は自然と癒されていきます。

すべての命は大いなる存在から祝福を受けてこの世に誕生します。たとえ母親が「お腹の子どもを生みたくない」「母になる自信がない」と不安をうったえたとしても、意識下にある本質的なところでは命がけで胎児を守り愛しています。それは魂レベルで行われ、命が誕生するために必要な愛と守りのエネルギーが自動的に働き出すのです。

ハートチャクラとも言われる第４チャクラは、母親の意識との交流を深めるためにもっとも大切なエネルギーの器官です。今世で母と子のあいだに争いや確執があったとしても、互いを愛し、尊敬し、成長し合うという根源的な計画を両者で結んでいるのです。

くり返しますが、生命の誕生には大いなる存在からの祝福があります。狭い産道を抜けるとまばゆい光に照らされ、私たちは望まれた魂としてこの世に誕生するのです。そして子どもから大人へと成長し、年齢を重ねるなかで、あなたを導く神聖な存在は常にあなたを心から愛し、大切な存在として守ろうとしています。

私たちは一人ではありません。永遠に守られ導かれている存在です。

私たちが肉体をもって体験し、一つひとつ成長し、人からやがて神聖な存在に至るまで、大いなる存在はあなたを導き続けるのです。

最終章

失われた魂の記憶を取り戻して、未来へ

MESSAGE

誰もがみな、幸せになりたいと考えています
喜びにあふれる人生、健康で豊かな人生、
しかし、それを得るためには
過去・現在・未来の流れを知ることが必要です
それによって、いま自分は何をすべきか
達成すべき今世のテーマが明確になってくるのです

ミッシングリンクで人生を変革する

ミッシングリンク――。〝失われた魂の記憶〟を取り戻すと、人は変わります。いま、なぜ自分がここにいるのか、何をすべきなのかがわかり、自分の人生に感謝するようになります。なぜなら「自分がどこから来て、どこへ行くのか」「自分は何者なのか」を思い出すことができるからです。

それがわからないままでは、本当の自分を知らずに年を重ね、夢や希望、喜びも何もない人生を送ることになるでしょう。

過去を解き明かし、未来を語り、癒す者。

私はこの使命にもとづいて魂の歴史を解き明かし、これまでに3000人以上の過去世をリーディングしてきました。さまざまな悩みを抱えて私を訪ねてくる方々が、過去世という失われた記憶を取り戻すことで、癒されていくのです。

第3章で述べたように、私のリーディングでは歴史にもとづいた3世代にわたる過去世を詳細にリーディングし、文章化して的確なアドバイスを行っています。国や生没年などを含めてクライアントがどのような人生を送ったかを明らかにし、その方の未来世までも読み取るのです。

たとえば、一般的な退行催眠による前世療法では、催眠状態のなかで潜在意識へアクセスし、クライアント自身が過去世を思い出していきます。

しかし、その作業に慣れない方やブロックが強い方などは、過去世の記憶が隠されている潜在意識までたどり着くことが難しい場合も少なくありません。

私が行っているスピリチュアル・カウンセリングでも、「自分で自分の過去世が見たい」と希望するクライアントには、ヒーリングエネルギーにより意識を支援し、クライアント自身で過去世の映像や記憶を取り戻すことができる個人誘導を行っています。

その際には、あらかじめ3世代の過去世が明確になっていることでエネルギー誘導がスムーズに行われるため、クライアントが過去世の記憶をたどりやすくなるというメリットもあります。

つまり、3世代にわたる過去世のストーリーを文章化して手渡すという作業は、クライアントのみなさんへ「魂を癒すカギ」を渡すようなものだと考えてください。

クライアントのみなさんがそれぞれの過去世ストーリーに目を通すとき、ある方は驚き、ある方は涙を流し、ある方は何かを懐かしむように「ああ、これは知っている！」と目を輝かせます。そして、ときの彼方に忘れてきた自らのテーマを思い出し、本当の人生を取り戻すのです。

過去世は思い込みや幻想ではなく、れっきとした科学だと私は考えています。過去世での国や生没年を重要視する理由は、クライアントの魂が「間違いなく、違う肉体を生きていた」という確かな証しになるからです。

私自身、過去世の地であるインドのシルディ村を自ら訪れたことで、さらに当時の記憶が確かなものになりました。私のリーディングを受けた方のなかにも、実際に過去世で住んでいた国や場所を訪れたケースは少なくありません。

ある男性は5世代前に、１４００年代（室町時代）の日本で人生を送りました。その過去世を知り、当時の自分の墓を見つけることができたのです！

過去世の記憶を語る子どもたちは、いま世界中に存在します。たとえば、「見ず知らずの国の言葉を話す幼子がいる」といった証言は、いまでは珍しくありません。それらの事例は生まれ変わりを実証しているようなものです。

いずれ過去世の記憶を取り戻すことが当たり前となる時代がくるでしょう。世の中に「魂の歴史を知る者」が増えることで、国や人種といったボーダーを越え、一人ひとりの命を尊重して世界が一つになる日がきっと訪れるはずです。一人ひとりが魂の永続性に気づくことができれば、いつの間にか差別や偏見は消え、そこには愛と感謝だけが残ります。

ミッシングリンクは、あなた一人の人生だけでなく、人類すべての幸せにつながっていくのです。

最終章では、数ある過去世リーディングの体験談のなかから、過去世での体験を癒し、本当の人生を手に入れたケースをいくつかご紹介します。

悩みを抱えて私のもとを訪れ、過去世リーディングを受けた方々は、みなさん失われた魂の記憶を取り戻し、人生の変革を遂げています。

ぜひ、これらの体験談から「あなたがミッシングリンクを取り戻すためのヒント」を見つけてください。

時を超えた和解をもたらす過去世リーディング

現代人の悩みの多くは人間関係に起因していると言われます。親子や夫婦、職場の同僚や上司、クラスメイトや先生、ご近所さんや友人など、日常生活を送るうえで私たちはたくさんの人と関わらざるを得ないからです。

なぜ親との関係がギクシャクするのか、なぜ夫（妻）とケンカばかりするのか、なぜわが子と分かり合えないのか……それらの答えは「すべて過去世にある」と言っても過言ではありません。

ある女性は何十年にもわたり、母親との関係で悩んできました。

「母は、妹ばかり大事にして、私を愛してはくれませんでした。どんなに頑張っても母から決して認めてもらえないんです」

そう訴える彼女の過去世をリーディングしてみると、現在とまったく逆の立場で、母親を認めずにひどい仕打ちをくり返していたことがわかったのです。

1世代前、1800年代のドイツで送ったその人生では、女性は貴族社会に生きる厳格な性格の男性でした。そして、今世での母親は、当時は息子（次男）という関係性だったのです。

男性は、生涯にわたり次男のことを認めませんでした。そのため、過去世で自分が取った態度により、次男（今世での母親）をどれほど傷つけたかを知るために、今世では逆の立場を体験しているのです。

また、彼女の母親は、まるで過去世の頃の自分（次男）を認めるかのように、同じ立場である下の娘を可愛がっています。

過去世を知ったその女性は、過去世での自分の行為を深く後悔し、号泣しながら「お母さん、ごめんなさい！」と時を超えて何度も謝りました。

すると、彼女の魂に変化が起こりました。これまで封印してきた母親に対する愛情が突如として湧き上がってきたのです。

もちろん、その後の母娘関係はみるみるよくなっていったそうです。

多くの場合、人は「現在の苦しみ」にばかり注目しますが、過去の因果因縁をたどり、「じつは自分自身が相手を苦しめていた」ということを知ると、人生は劇的に変化します。

過去世に対して漠然とした不安を抱く方も少なくありません。それは、自分が「ひどいことをしたかもしれない」事実を受け入れることが怖いからでしょう。

しかし、人は誰でも加害者と被害者、その両方を体験しています。これらの体験を思い出すことで、双方の立場から得られた気づきを今世に活かすことができるのです。

さらに言えば、加害者の人生にこそ学びがあり、「現在の苦しみ」を解放するヒントが隠されていると言えます。

別のある女性は、夫との関係で悩んでいました。数年にわたる離婚争いのなかで、夫に裏切られた怒りを抱き続けて苦しんでいたのです。

3世代前、1600年代のフランスで送った人生は、貴族の男性でした。贅沢の限りを尽くし、たくさんの愛人をもち、正妻に対してはひどい扱いをしてきた人物です。そのときに深く傷つけられた正妻こそ、今世の夫でした。

彼女は「お互いが惹かれあって結婚したものの、次第に埋められないほどの溝ができていった」と打ち明けます。夫婦それぞれが苦悩する日々を送るなかで、過去世がフラッシュバックしたのかもしれません。

ときが経つにつれて、夫はまるで「過去世での仕返し」をするかのように妻を裏切り、家を出ていきました。

じつはその夫の行動こそ、妻の過去世での人生と重なるのです。深く傷つけられたという被害者意識で、夫に対して強い怒りをあらわにしていた女性は、ようやく「自分こそが謝るべき立場なのだ」という真実に目覚めました。

すぐさま「自らの過去世での行為」を夫に謝罪すると、あれほど憎らしかった夫を心から許すことができたと言います。すると不思議なことに、数年間も続いていた離婚争いが、ウソのように終結したそうです。

その女性は、晴れ晴れとした表情で次のように報告してくれました。

「これからは恨みに満ちた人生ではなく、幸せになる道を歩みます。夫とは別れましたが、彼には心から幸せになってほしいと願っています」

過去世を知ることで互いに許しを学び、二人の魂が繰り返してきた争いと憎しみの歴史は、こうして幕を閉じたのです。

このように人間関係のトラブルは、どちらかが（あるいは双方が）過去世を知ることにより、時を超えて和解することは珍しくありません。

なかなか解決できない問題や手放せない葛藤などは、たいてい過去世から持ち越してきた課題です。その根本原因となる過去世の体験を癒すことで「許しの瞬間」が訪れ、心の変容がもたらされるのです。

✳過去世での後悔により医師という職業を選ぶ

関西にあるラ・ヴィータメディカルクリニックの院長で、心臓血管外科医でもある森蔦先生は、妻で看護士の亜弥さんとともに私を訪ねてきました。

西洋医学のみならず、東洋医学を含めた統合医療を実践している森蔦先生は、私が主宰するヒーリング・カレッジの受講生です。そして、奥様はアニマルコミュニケーション・カレッジの受講生であり、目に見えない世界での「魂の癒し」をそれぞれのカレッジで学んでこられました。

お二人は、クリニックを訪れる患者さんに対して「心と体はもちろん、魂も同時に癒せる医療」を施したいと日々研究を重ねています。

とくに森蔦先生はヒーリングを熱心に学んでいましたが、ある日、彼の姿に悲しみをともなう切実な思いを私は感じ取ったのです。

大切な者を救わなければならない――。まさにそれは、彼の魂からの叫びでした。じつは過去世で大切な人を守れなかったという悲しい体験をしていたことが、あとになってわかるのです。

リーディングで明らかになった森蔦先生の過去世をご紹介しましょう。

森蔦医師の事例「アイルランド人女性だった1世代前の過去世」

1851〜1929年　享年78歳

森蔦先生の1世代前の過去世は、ジャガイモ飢饉《ききん》（主食のジャガイモが枯死したことで起こった食糧難）が蔓延し、多くの餓死者が出た時代のアイルランドで一生を送った女性です。

貧しい農家に生まれた女性は、幼い頃から両親とともに休む暇なく働き続けてきました。たびたび飢饉に襲われるなかで、悲しみに暮れながらも常に信仰心を忘れず、「必ず幸せになる」と前向きに頑張ってきたのです。

それからしばらくして、女性は愛すべき男性と出会い、結婚して家庭をもちました。子どもにも恵まれましたが、まだ幼い頃に栄養失調で衰弱してしまい、結局はわが子を亡くしてしまいます。


さらに追い討ちをかけるように飢饉が広がり、夫からは「アメリカへ移住して、新しい土地でやり直そう」と誘われましたが、女性は「亡くなった子どもを残してこの国を離れるわけにはいかない」と拒みます。

仕方なく、夫は一人でアメリカへ出稼ぎにいくことにしました。その後は、たびたび夫から「わずかなお金が同封された手紙」が届くようになります。

遠いアイルランドで愛する夫の帰りを待ち続ける日々。そんなある日、「夫が事故死した」との知らせが入ります。絶望に打ちひしがれた女性は、その後もずっと孤独な人生を送りました。

衰弱したわが子が死に際にいるにもかかわらず、栄養のある食べ物も与えられず、医者に診せることもできない……。森薦先生は「何もできない自分を責めながら一生を送った1世代前の過去世」を思い出しました。そのような過去世の経験があったからこそ、今世では「多くの人を救うことができる医者の道」を選んだことに気づいたのです。「なぜ自分が、大切な人を守り続けたいという強い思いで医者を目指したのか、ようやくわかりました」と森薦先生は涙ながらに語りました。

過去世リーディングでは、クライアントと（親子や夫婦など）今世で縁の深い相手との、過去世での関係性を解き明かしますが、アイルランド人女性だった頃に「幼くして亡くなったわが子」は今世での父親、「アメリカに渡って事故死した夫」は今世での母親でした。

森蔦先生には、「何としても両親を守らなければならない」という強迫観念にも似た思いがありましたが、それは家族を失ったという過去世での記憶が大きく影響していたのでしょう。

一方で、今世の父親は、1世代前の過去世において母親（森蔦先生）よりも先に亡くなったことを「親不孝なことをした」と後悔し、今世では母親（森蔦先生）を守る立場になろうと、父親という立場に生まれたのです。

ちなみに、今世で夫婦となった亜弥さんとは、2世代前の過去世で大きく関わっていたことがわかりました。

✳過去世で体験した、夫婦間の悲しいすれ違い

森蔦先生の妻であり看護士の亜弥さんは、イギリス人女性だった1世代前の過去世で、

必死の祈りも届かず母親を病気で亡くすというつらい体験をしました。亜弥さんも森蔦先生と同じく、過去世からの影響で「生まれ変わったら、人を助ける仕事に就きたい」と希望し、看護士になったのです。

過去世で似たような体験をした者同士が、今世で協力して目的を果たすことは珍しくありません。第3章でも説明しましたが、お互いの魂の成長や目標達成のために助け合う関係を「サポート・ソウルメイト」と呼びます。

人を救いたいという共通の目標をもち、仲睦まじい森蔦先生と亜弥さんご夫妻でしたが、じつはそれぞれに微妙なズレを感じていたそうです。愛し合い、協力し合いながらも心の底から信頼していなかったと打ち明けてくれたのです。その背景には、過去世で体験した「悲しいすれ違い」がありました——。

亜弥さんの事例［ペルシャ人男性だった2世代前の過去世］
1755〜1800年　享年45歳

亜弥さんの2世代前の過去世は、ペルシャ（現在のイラン）の王族として裕福な生活を送り、幼少の頃から家の後継ぎとして英才教育を受けてきた男性です。彼は結婚適齢期になると、部下に命じて王妃にふさわしい女性を探しました。

そして、ある美しい女性を一目見て恋に落ちたのです。その相手は下級貴族の出身者であり、親族のなかには結婚に反対する者もいましたが、男性は一途な思いを貫き、周りを説き伏せました。

じつは、このときの妻が今世の夫・森蔦先生だったのです。

念願の結婚を果たした男性は、美しい妻を心から愛し、どんなことがあっても守り抜こうと固く心に誓いました。

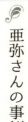

しかし、しばらくするとトルコ系の何者かが王位奪還をねらって攻撃を開始し、たちまち宮殿は制圧されてしまいます。

「この場で潔く死ぬよりも、敵に捕らわれたほうが妻を守れるかもしれない」と考えた彼は、わざと情けない男を演じて命乞いをするという策に出ました。

そして、相手が油断したすきに反撃をしようと考えたのです。

降伏したと思わせ、敵をあざむいて逆襲を企てていた男性は、さっそく部下に反撃を命じますが、ちょうどその頃に「妻が自殺した」という一報が入ります。敵を打ち落とすまでもう少しのところだったため、男性は茫然自失となり、すぐには妻の死を信じることができませんでした。

しかし、妻の亡骸を目の前にして事実をようやく受け入れ、亡き妻に対し「なぜお前は、夫である私を信じてくれなかったのか!?」とやりきれない気持ちでいっぱいになったのです。

妻の亡骸を抱きしめ、嘆き悲しみながらも、男性は先立った妻を心の底で責め続けました。最愛の妻に信じてもらえなかったことがあまりにもショックで、悔しくて仕方がなかったからです。

じつはその思いを、亜弥さんは今世に持ち越していました。夫である森蔦先生に「もっと自分を信じてほしい」と願いながら、その思いはなかなか夫に届かず、歯がゆい思いをし続けてきたのです。

✳愛しているのに信頼できない背景にあるもの

このように2世代前の過去世から(夫と妻が入れ替わるかたちで)夫婦としてご縁があったという森蔦先生と亜弥さん。

一方の森蔦先生は、同じ過去世からどのような思いを持ち越しているのでしょうか。

その頃に妻の立場だった森蔦先生は、夫である亜弥さんに「裏切られた」との思いを強く抱いていました。そして、【愛する者を守れない者は、信用できない】という観念が深層意識に刻み込まれていたのです。

今世でも夫婦となった森蔦先生は、妻である亜弥さんのことを「愛しているのに、どこか信頼できない」と打ち明けてくれましたが、その背景には2世代前の過去世が大きく影響しています。夫婦の場合、それぞれの過去世を解き明かすことでクリアするべき今世の課題が浮き彫りになるのです――。

森蔦医師の事例［ペルシャ人女性だった2世代前の過去世］
1760年~1785年　享年25歳

森蔦先生の2世代前の過去世は、ペルシャの下級貴族の出身ながら、その美貌を王族の若者（今世での亜弥さん）に見初められて宮殿に嫁いだ女性です。

身分の異なる暮らしには苦労もありましたが、それでも夫に愛され、宮殿では幸せに暮らしていました。

しばらくして宮殿がトルコ系の敵に制圧されると、国の支配体制は大きく変わります。不安はありましたが、「何があってもお前を守る」と言ってくれた夫に対し、彼女は「どんなことがあっても夫についていこう」と心に誓います。

ところが、驚いたことに夫は、容赦なく攻撃してくる敵に対してすぐさま投降し、命乞いをしたのです。

まだ若く美しかったその女性は、敵の将軍の目に留まり、慰み者として選ばれました。必死に助けを求めましたが、妻を守るはずの夫は知らぬふりで宮殿を逃げ出したのです。

女性は絶望し、夫への怒りが込み上げてきました。そして、慰み者になるという屈辱に耐えられず、隠し持っていた短刀で自らの命を絶ったのです。

過去世での誤解を解くため、今世でも再び夫婦に

森蔦先生の妻である亜弥さんの深層意識には、2世代前のペルシャにおける過去世で、【どれほど努力しても、信用されなければ意味がない】という観念が深く刻み込まれました。

何を言っても、どうせ自分は信用されないのだろう……。そんなあきらめの気持ちが心を占めていた亜弥さんは、過去世で妻だった森蔦先生に対して「許せない」という感情をいまに持ち越していました。

そのような互いの思い込みを解消し、心の溝を埋めるために、お二人は再び（妻と夫という立場を交代して）夫婦になることを選んだのです。

私は、「過去世で妻だった森蔦先生を癒す言霊」を亜弥さんに伝えました。それは、『今世ではどんなことがあっても、私はあなたを守ります。どうか長生きしてください。そして、私と一緒に幸せになってください』というものです。

今世で夫となった森蔦先生に対して、「協力する」ではなく「絶対にあなたを守る」という強い言霊を伝えることにより、森蔦先生はもてる力を発揮して、生まれてきた目的を果たすことができるのです。

過去世リーディングを終えて、ミッシンググリンクがつながったお二人は、これまで以上によく話し合い、心を一つにしてクリニックの運営にあたるようになったそうです。

さらに、妻である亜弥さんの献身的なサポートにより、森蔦先生は自身の能力を遺憾なく発揮し、統合医療の体制を確立した医師としてアメリカの学会に招聘《しょうへい》され、多くの研究成果を発表しています。

森蔦先生は、1世代前の過去世でアイルランド人女性が抱いていた「憧れの国・アメリカで活躍する」という夢を、今世で叶えることができました。

すでに自分の一部であるアイルランド人女性の魂は、その成功をどんなに喜んだことでしょう！

森蔦先生は、満面の笑みを浮かべてこう話してくれました。

「過去世では大切な人を助けられませんでしたが、今世で（過去世でも夫婦だった）妻と再び出会い、夫婦として同じ目標をもつことができたことを心から幸せに思っています」

今後もお二人は医療従事者として多くの人を癒していくことでしょう。

親子や夫婦、兄弟など、家族としてのご縁をもつ魂同士は、ただの偶然でそうなるわけではありません。それぞれが過去世でやり残した課題を解決するために、意味があって（今世で）家族として生きるのです。

森蔦先生と亜弥さんご夫妻も、過去世で生じた誤解を解くために、今世で再び夫婦となる選択をしました。

私たちは、生まれる前に約束してきた魂たちと今世で出会い、ときには傷つけ合いながらも相手を愛そうと努めます。そして、過去世での体験を思い出すことで相手を許し、それが大きな愛、大きな成長へとつながるのです。

✳仕事やお金に関するトラウマも見事に解消

現代人にとって、人間関係の次にくる悩みと言えば、仕事やお金にまつわることではないでしょうか。私のもとにも、そのような悩みを抱えた方たちがたくさん訪れています。ある男性は「仕事がそこそこ成功しても、なぜかそれ以上はうまくいきません。それどころか、人に騙されるなどのトラブルが続くんです」と困り果てた末に相談に来られました。

彼をリーディングすると、3世代前の過去世で1600年代、スペインの黄金時代に生まれた男性が見えてきました。金儲けのために多くの人を踏み台にして自分の豊かさだけを追い求めた男性が、今世にもっとも影響を与えている「過去世の自分」だったのです。

その過去世の影響からか、今世の彼の深層意識には「仕事で成功して豊かになることは、人を苦しめて不幸にすることだ」という刷り込みがあります。

今世でも同じ過ちを犯さないように、仕事で成功しかけると、無意識のうちに自分でつぶしてしまう。要するに、彼は「わざわざ失敗する道を選ぶ」という心のクセがついていたのです。

私は、次のように伝えました。

「あなたが豊かになっても、他人が苦しむことはありません。むしろ、あなたの豊かさで多くの人を助けることのほうが、過去世での誤りを償うことになるでしょう。さて、あなたはどちらの道を選びますか？」

すると、その男性は即座に答えました。

「豊かになりたいです！　私のもてる能力を使って、多くの人に貢献したいと思います！」

こうして彼は「自分が豊かになること」に対し、許可を与えることができました。現在では、会社の経営者として望んだ通りの豊かな人生を送っています。

お金に対して汚らわしいなどのネガティブな思いがある方は、過去世の体験が多々影響しています。この男性と同じように、過去世では「周りから搾取して自分だけが豊かになる」という経験をしているのです。

また、ある女性からはこのような悩みを打ち明けられました。

仕事柄、数人の会議でプレゼンテーションをする機会がよくあるそうですが、優秀な彼女はどんな場面でも上手にスピーチをこなし、その説得力は会社でも高く評価されていました。

ある日のこと、上司から100人の聴衆の前でプレゼンテーションをするように指示されました。

ところが当日、ステージに立った女性は、突然、極度に緊張して自分をまったくコントロールできなくなりました。手や足が尋常じゃないほど震え、頭が真っ白になってしまったそうです。

「不思議なのは、少人数の会議では堂々と話せるんですが、大きなホールで、整然と並んで列になった客席からいっせいに視線を向けられる状況には、なぜかとても恐怖を覚えるんです」と彼女は言います。

じつは、あがり症の根本原因が過去世にあることもリーディングで明らかになりました。彼女の今世にもっとも影響を与えているのは、1700年代のフランスで軍隊の指揮官だった男性の人生です。

当時のフランス軍は、伝統的集団戦法としての「横隊戦術」を採用していました。その男性は将軍から功績を認められて「数百人の部隊を一つにまとめる」という役割を新たに任命されました。

横隊戦術とは、歩兵が横に隊列を組んで敵と向かい合い、先制攻撃をする側が一斉に射撃し、攻撃される側は防御もせずに撃たれるというもの。次に攻撃が入れ替わり、最初に攻撃した側が射撃を受けます。これは儀式のようなもので、最終的にはそれぞれ敵陣に突撃するのです。

指揮官である男性も隊列に加わり、部下に進軍を命じました。敵と正面から向かい合うと、予想した以上に敵の人数が多く、部下は次々と銃弾に倒れていきました。とうとう部隊は散り散りばらばらになって後退し、その場に取り残された男性は、敵からの銃弾を何発も受け、その場で命尽きたのです。

相談者の女性が壇上に立ってパニックになったのは、たくさんの人が列を組んで自分を見ているという状況が、過去世で感じた死の恐怖とつながったのではないでしょうか。自分の周りには、誰一人として味方がいない……。そう思わずにはいられなかったそうです。

私は、女性にこう伝えました。

「過去世と同じ体験は二度と起こりません。なぜなら、一度体験したことをくり返す必要はないからです。今世のテーマは戦いではなく、多くの人たちにあなたの知恵を授けること。目の前にいる人たちは、敵ではなく味方です。あなたを心から信頼して、あなたの声に耳を傾けているのです」

しばらくして、その女性からはこのような報告を受けました。

「先日も100人ほどの聴衆の前でプレゼンをしましたが、まったく恐怖を感じませんでした。おかげさまでイベントは大成功。いま振り返っても、私の話が人々のお役に立ったという喜びで胸がいっぱいになります」

過去世を明らかにし、心に巣食う不安や怖れの根本原因がわかったことで、彼女の傷ついた心は癒されました。現在は会社役員に昇格し、自らの役割を十分に果たすためにますます能力を磨き、活躍されています。

夢は叶わないものだというブロックを外す

パリで舞台演劇を学んでいる男性のケースです。ベルギー人の父親と日本人の母親をもつRさんは、ある日のこと、左肩を脱臼したので病院へ行くと、「このままでは肩が動かなくなる」と医師から診断されました。そのため、日本の大学病院で手術をするために帰国したのです。

検査を終えて手術の日程も決まりましたが、Rさんは釈然としませんでした。今回のケガは、過去世に何か原因があるのではないかと思い、手術前に私を訪ねてきたのです。

Rさんは、抱えている悩みを次のように打ち明けました。

「いま、僕は人生のターニングポイントを迎えています。手術を終えたら日本に留まって映画や演劇の道に進むべきか、パリに戻るべきか迷っています。

僕は小さい頃から有名になりたいという願望が強くありました。それは、人に認められたい、人から褒められたいという欲求の現れでもあります。左肩の脱臼も、このような心の渇きからくるものなのでしょうか。あるいは、ケガと過去世に何らかの関係があるのか、そこが知りたいんです」

さらに話を聞けば、彼は12歳のときに左肩を複雑骨折していると言います。そのために肩が外れやすく、何度も同じ場所を痛めていました。

不思議なことに、物事がスムーズにまわり出すと、決まって左肩を脱臼するそうです。今回も、パリの演劇学校で重要な役を任され、いよいよ役者として飛躍できると思った矢先のケガでした。

過去世をリーディングすると、彼の左肩には（そこから発せられるオーラのなかに）過去世で負った傷が癒えずに残っていました。それは１８００年代、Ｒさんがフランス人女性だった頃の人生で、今世と同じように役者を目指している映像が見えてきたのです――。

Ｒさんの事例［フランス人女性だった1世代前の過去世］
1863～1929年　享年66歳

人前に立つことが大好きな性格で、故郷を離れ、都会で役者を目指しているフランス人女性。

酒場で働きながら、演技のレッスンを積んでいたその女性は、日々練習に励み、念願だった役で舞台に立つことが決まりました。しかし喜びもつかの間、たまたま乗っていた馬車が転倒事故を起こし、左肩を骨折するという大ケガを負ってしまったのです。

無情にも「肩を自由に動かせない役者はいらない」と劇場から解雇され、結局は役者になる夢を断念せざるを得なくなりました。
それでも演劇の世界から離れたくなかった女性は、衣装を縫ったり、女優を目指す若者を指導したりと舞台の裏方で活動しはじめました。

しばらくすると、演技を指導していたある〝女優の卵〟のデビューが決まりました。その新人女優が売れはじめると、今度は互いの意見が合わなくなり、2人は離れ離れに……。

「あのときのケガさえなければ、私もいまごろは女優として活躍していたに違いない。それに、あの子（新人女優）のために費した時間を、もっと自分のために使えたはずだ」と、女性は悔しさを噛みしめました。

しかし、どんなに嘆いても現実が変わることはありません。その後も女性は舞台袖から華やかな世界を見守る裏方として働き、女優になる夢を最期まであきらめることなくその生涯を終えました。

幼い頃より「人から賞賛されたい」という欲求が強かったRさん。役者になる夢も、ある日突然のようにひらめいたと言います。その夢を叶えるためにパリの演劇学校で学び、ようやく重要な役をもらえたと思った矢先に左肩を脱臼。まさに1世代前の過去世と同じ状況に陥ってしまったのです。

過去世リーディングを終えると、Rさんは大粒の涙を流しながら次のように訴えました。

「この過去世で起きたことは、まさに僕の状況とピッタリ重なります。今世でもケガのために舞台へ立てないと思うと、悲しくて悔しくてたまりません。だから、役者の夢をあきらめたくなくて、治療のために日本へ戻ってきたんです」

私は、このように伝えました。

「フランス人女性だった頃の過去世では、役者として成功することができませんでした。それでも(過去世の)あなたは舞台の裏方として演劇に人生を捧げたのです。あなたの魂には、フランス人女性だった頃にやり残した思いが強く刻まれています。その感情が、今世に大きな影響を与えているのです。

どうぞ、魂の声に正直になってください。あなたは本心から役者として生きることを望んでいますか？」

しばらく押し黙ったあと、Rさんは重い口を開きました。

「……ともかく、これまでは役者になって舞台に上がることだけにこだわってきました。もしもその夢が叶ったら、次は演出家や舞台監督などのクリエイティブな仕事をしてみたいと思っています」

「そうですか。あなたの人生の目的は、1世代前の過去世をやり直すことではありません。左肩のケガは、あなたの魂が〝本当に歩むべき道〟は何なのかに気づくためのメッセージなのです。その気づきによって、夢は叶わないものだというブロックを解除することができるでしょう」

きっとすぐに本来やるべきことが見つかりますよ、と私が伝えると、Rさんは「霧が晴れたように、視界が広がりました！」と瞳を輝かせました。

それからひと月余りが経ち、再びRさんが私を訪ねてきました。

「信じられないことが起こりました！　手術を数日後に控えて左肩の再検査を受けたところ、主治医が『もう手術の必要はありません。肩の症状はほとんど治癒しています』って言うんです！」

その後、Rさんは役者になるために続けてきた不安定なアルバイト生活から抜け出し、某企業に就職。現在では、多くの人を指導する重要なポストに就いているそうです。

フランス人女性だった頃の悲しみが癒され、「夢は叶わないものだ」というブロックを解除して〝本当に歩むべき道〟を見つけたRさん。将来的には自分の会社を作り、もてる能力をますます発揮させて人の役に立ちたいという展望を語ってくれました。

過去世とつながった幼少期の不思議な体験

ところで、過去世リーディングを受けたRさんは、６歳前後の頃に不思議な映像が何度も脳裏に浮かんだことを思い出しました。

窓からは陽の光が差しこみ、カーテンがそよ風に揺れている大きな部屋。そこには美しい金髪の女性がいます。肩を押さえながらイスに座っているのですが、うつむき加減なその表情は、どこか寂しげです。部屋の装飾や彼女の服装から古い時代であることがわかります。

その女性に不思議と親近感を覚えた幼少期のRさんは、懐かしく安らかな気持ちに浸りながらも、なぜくり返し同じ映像が浮かぶのか疑問でした。

しかし、いつしかその映像も脳裏から離れ、忘れ去っていったのです。


27歳になったRさんは、過去世リーディングにより1世代前の過去世がフランス人女性であり、事故に遭って肩を負傷し、夢をあきらめざるを得なかったという彼女の人生を知りました。

そして、映像画家が描いた1世代前のRさん（フランス人女性）の姿を見て、瞬時に、幼少期にくり返し見たその映像を鮮明に思い出したのです。

まさに、部屋のなかで肩を押さえながら、寂しそうな表情を浮かべていたあの女性でした。しかし、過去世リーディングで1世代前の人生を知ったいまでは、肩を負傷したフランス人女性が田舎の実家へ戻り、家族のもとでケガを癒し、安らぎをもっていたことの記憶を取り戻しました。そのため、この映像を見た当時のRさんも、安らかな気持ちになったのでしょう。

過去世の自分の似顔絵を眺めていたRさんは、心が温かくなると同時に、「夢を果たすことなく人生を終えた彼女の無念な思いを、今世の自分がしっかりと受け継いだ」ことを実感したそうです。

時代を超えて、思いが一つになった瞬間でした。

「フランス人女性の笑顔を取り戻すためにも、今世の自分が成功し、彼女の努力と経験は決して無駄ではなかったことを伝えたい」

そう心に刻み込んだRさんは、「この世に生まれてきた意味」が明確になり、人生の大きな転機を迎えることができたのです。

✳原因不明の不安や怖れは過去世からの影響

誰一人として例外なく、過去世でのつらく苦しい体験は今世に大きな影響を与えています。そして、あらゆる苦悩の根本原因が過去世にあるとは知らないため、そのストレスから、ときには心身を病むこともあるのです。

たとえば、恐怖症や不安障害といった症状があります。一度も溺れた経験がないにもかかわらず、水への恐怖心がある方の多くは、過去世の体験が関係していると言えます。過去世で水難事故に遭ったなど、水による恐ろしい体験をしているものなのです。

閉所恐怖症の方は、多くの場合、落盤事故や火災事故で閉じ込められて亡くなった過去世を体験しています。高所恐怖症の方も、高いところから墜落して命を落としたなどの過去世の体験があります。

このように「理由もなく○○が怖い」というケースは、過去世での恐怖心が潜在意識に深く刻み込まれているのでしょう。そのため、同じようなシチュエーションになるとフラッシュバックが起こるのです。

過去世を知ることにより、うつ病と摂食障害から立ち直ることができた女性のケースをご紹介しましょう。

Hさんは、イルカと一緒に泳ぐセラピーを通して10代の頃からスピリチュアルな世界に興味をもち、さまざまなことを学んできました。

しかしあるとき、失恋をきっかけに摂食障害となり、やがてうつ病も併発。とくに冷たい雨の日になると症状はひどくなり、絶食状態が続いたり、まるで発作のように一日に数回以上、過食嘔吐を繰り返していました。

彼女は苦しみながら、心の病が治らない自分を恥じました。そして、何とか治りたいと願っていました。そんな悲しむ彼女の姿と重なるように、イギリス人女性の姿が現れたのです――。

Hさんの事例［イギリス人女性だった2世代前の過去世］
1770～1800年　享年30歳

孤児として生まれ、娘を亡くした老夫婦に引き取られたイギリス人女性。これがHさんの今世にもっとも影響を与えている「過去世の自分」です。

育ての父親からはとくに愛され、絵を描く楽しさを教えられ、しだいに彼女は周囲から絵のうまさを認められるようになります。

成人となった女性は、育ての両親が他界したことで再び孤独になりましたが、将来を誓い合った幼なじみの存在に救われます。ところが、その男性は家柄がよかったため、孤児院出身の彼女と結婚することを反対する人も少なくありませんでした。

男性の母親からも「別れなさい」と強要され、女性は泣く泣く別れを告げて町から去り、ロンドンに移り住みます。生きる喜びを失いながらも、その悲しみを乗り越えるために、「絵を描いて身を立てる」ことを目標として夢中で作品づくりに取り組みました。

しかし、描いた絵が日の目を見ることはありませんでした。何度も画商のもとに持ち込みましたが、冷たくあしらわれるばかり。

落胆する女性に追い打ちをかけるように、幼なじみの男性が結婚したという知らせが入ります。自暴自棄になって酒におぼれ、その酒代欲しさに体を売るようになったのです。酒を飲んでは嘔吐することを繰り返し、冷たい雨の日にずぶ濡れとなって路上で倒れ、運ばれた先の病院でその生涯を閉じました。


自らの過去世を知ったHさんは、黙ったまま涙を流し続けました。そんな彼女に対して、私は過去世の記憶をさらに取り戻すようにエネルギー誘導し、生まれ育った場所の風景や当時の自分の姿を、鮮明な映像として思い出してもらいました。

「とても懐かしい光景です。温かさと一緒に、胸がしめつけられるような思いも感じます。雨の日になると理由もなく悲しくなるのは、過去世の記憶が影響していたんですね」

Hさんのように、解消できず抱え続けているネガティブな感情は、「過去世での体験を癒したい」という魂の叫びとも言えるでしょう。その記憶を取り戻して悲しみの根本原因を理解したことで、Hさんは「幸せになってもいいんだ」という許可を自分に与えることができたのです。

しばらく経つと、Hさんは過去世でもっていたはずの「絵の才能」が目覚め、現在は絵を描く仕事で活躍しています。

「それまでは趣味で少し絵を描く程度でしたが、いままで描いたことのないような絵が描けるようになりました」

こうしてHさんは、過去世のイギリス人女性が叶えられなかった夢を実現することができました。そして、絵の才能に磨きをかけるべく充実した毎日を送っています。

神聖な存在へと至ることが魂の旅の目的

生まれ変わりの体験をすべて終えた者は、ハイヤーセルフとなり、最終的に宇宙と一体化した新たな空間で神としての創造を行います。

私たちはみな、幸せになるために人生を歩んでいますが、魂を成長させるためには喜びの体験ばかりを積むわけではありません。もしも人生がすべて望み通りになったら、他者の悲しさや苦しみに共感することができず、知らず知らずのうちに傲慢な性格がつくられてしまうかもしれません。

なぜなら、私たちは自らの苦悩を通してはじめて人を思いやり、人を愛することができるからです。物事は良し悪しで判断せず、身に起こるすべての事柄が魂の成長にとってのギフトだと受け止めましょう。

試練こそが、成長への大きなチャンス。一つひとつの試練を乗り越えるたびに、私たちの魂は神聖な存在へと近づいていくのです。

この世には、誰一人として不必要な存在はいません。あなたが自らを「神聖な存在」と気づくことで、心の奥底から愛と感謝の気持ちが湧き上がるでしょう。そして、今世で出会うすべての人たちも「神聖な存在」にうつるはずです。たとえそれが苦手な相手だとしても、その人を心から愛し、出会えたことに感謝できるのです。

宇宙の神聖なる意識は、すべて「愛と感謝」から成り立っています。

自分を愛し、生きとし生けるものすべてに愛と感謝の気持ちを注げば、あなたの意識は神に同調するでしょう。そして、いよいよ天の窓が開かれ、光に満ちた神からの「愛と感謝」のエネルギーを受け取ることができるのです。

私たちはみな、光の道を歩んでいます。それは魂が望んでやまない神へと至る道、時空を超えたグレートジャーニーです。

神聖な存在は、私たちにこう伝えています。

「つらく悲しいことがあっても、前進することを止めないでください。逆風に耐えながらもその道を進めば、あなたの魂は神聖なものとなるでしょう。さらにあなたは、多くの魂を救うことになるのです。

前へ進みなさい。未来に向かって進みなさい。その道程には、あなたがこれまでに成し遂げてきた奇跡、これから成しうるだろう奇跡が燦然《さんぜん》と輝いています。そしていよいよ生まれ変わりの体験をすべて終えるとき、偉大なる神々が祝福とともにあなたを迎え入れるでしょう」

私たちは神聖な道を着実に歩んでいます。大いなる愛と変革のなかにいます。そして、宇宙はこれほどまでに祝福で満たされています。

人はなぜ生きるのか、人はなぜ生まれ変わるのか――。

その答えはただ一つ。さまざまな体験を通して魂の成長を果たし、神聖な存在になるためです。グレートジャーニーの目的とは何か。それはすでにあなたの魂が知っているでしょう。その魂の声に耳を傾けたとき、あなたは自らの〝失われた魂の記憶〟、ミッシングリンクを取り戻すのです。

エピローグ
映像で見せられた2050年の地球の姿

過去世を知って今世の自分が癒されると、未来の道に光が当たります。

過去を解き明かし、未来を語り、癒す者――。このような使命がある私は、未来の重要性についても認識しています。

ちなみに私は、未来世のリーディングも行っています。多くの方が未来世を知ることで、今世で何をすべきかが明らかになり、人生の果たすべき目的に気づくことができるからです。

未来世をリーディングするために、私は何度も「未来の映像を見る」訓練を行ってきました。とくに印象強く残っているのは、1989年に見た20数年後の未来（2010〜2015年）の映像です。

街ゆく人々は、見たこともない手のひらサイズの機械を耳に当てたり、指でなぞりながら一心に操作しています。

私のスピリチュアルガイドは、次のように伝えてきました。

「将来、この機械はテレビや電話やパソコンの代替品として、一家に一台どころか一人が一台、持つようになります。あらゆることがこの機械で行えるようになるでしょう」

当時の私には、その機械がどのようなものか見当もつきませんでしたが、2010年頃からスマートフォンが普及しはじめ、かつて見た映像は現実のものとなったのです。

ほかにも、私はさまざまなヴィジョンを見せられました。

2050年の地球は大変な状況にあります。あちらこちらで竜巻や自然災害が頻発し、海面上昇も起こります。

先進国の一部は、深刻化する自然破壊を食い止めるために、巨大な地下都市をつくるようです。それは現在のような地下街とは違い、都市がまるまる収まるような広大な空間です。地上へと通じた巨大なトンネルから太陽光が取り入れられ、見上げればそこには空が広がっているため、地下空間であることをまったく感じません。

このような地下都市をつくるには、従来の建築法では実現できないでしょう。その頃には鉄よりも強靭な物質が開発され、それを壁に塗布することで柱を1本も使うことなく「吹き抜け状の巨大な地下空間」が完成するのです。


また、壁に塗られたその物質は光を放つため、地下空間は（電光とは異なる）太陽光に近い自然な明かりで満たされます。

さらに驚くことに、２０５０年には重力反転装置が開発され、完全に重力をコントロールする（天地が反転する）時代が到来します。燃料を必要としない重力を用いた発電法も広まるでしょう。環境に負荷をかけず、しかもコストが0円の再生可能エネルギーが、無尽蔵に供給されるのです。

このような驚くべき技術革新により、未来の人々の暮らしには大きな変化がもたらされます。２０５０年には、もう私は生きていないと思いますが、みなさんのなかにはそのような未来を体験する方もいるはずです。

自然環境を大切にし、地球を守りながら豊かな生活を送ることができる新たな世界が訪れようとしているのです。

ヒンドゥー教の世界では、現代を「カリユガの時代」と言います。カリユガとは、神々と引き離され、混沌とした暗黒の時代のことを指します。

このカリユガの時代に聖者サイババは「シルディ・サイババ」「サティア・サイババ」「プレマ・サイババ」として3度も生まれ変わり、人々を新たな時代へ導くと言われています。

２０１１年4月24日に肉体を離れたサティア・サイババは、やがてプレマ・サイババとして生まれ変わるでしょう。プレマには「愛」という意味があります。いよいよ愛に満ちあふれた黄金時代がやってくるのです。

これから訪れる世界を映像で見せられるとき、多くの神聖な存在が「地球への限りない愛をもって、世界をよりよくする」といった使命のために、さまざまな活動をしていることがわかります。

そして私たちも、神聖な存在と同じように偉大なる魂の持ち主です。自らの魂の神聖さを確信すれば、地球が破壊されることは決してありません。

プレマ・サイババが降臨するこれからの時代について、神聖なる存在は私にこう伝えてくれました。

「あなた方人間は1秒ごとに喜びをもって生まれ、1秒ごとに悲しみをもってこの世を去っています。プレマ・サイババの時代には、人間が生まれるのと同じ数だけ聖者も生まれるでしょう。人類はみな、聖者の一人になるのです」

幸せを引き寄せる未来世リーディング

ところで、あなたはどのような未来を迎えたら幸せだと思いますか？

どうか、幸せな未来の自分を思い描いてみてください。

このようなイメージ力が、あなたの未来をつくります。舞台に立つエンターテイナーも、観客が拍手喝采している場面をイメージできなければ成功はしないでしょう。一流のスポーツ選手も、勝利の瞬間を明確に思い描いています。

大切なのは、意志の力よりもイメージする力です。明確なイメージをもつ者こそが実現力を発揮できるのです。

30年ほど前の私は、人を癒す能力もなく、魂の生まれ変わりについても関心を示していませんでした。動物病院を開業する際に、「すべての生命を光で満たすような場所をつくろう」と決意したのがスタートです。

そんなある日、突然のように、多くの聴衆を前にして講演を行っている自分の姿が浮かびました。そのヴィジョンでは、当時生やしていなかったヒゲを蓄え、年齢を重ねた自分が壇上に立っています。エネルギーに満ちあふれながら、生命について熱く語っているのです。

その後も同じような映像が何度も現れ、私はそれが「未来の自分」だと確信しました。

いずれそのような未来が訪れるとわかっていたので、いかなる試練も前向きに乗り越えてこられたのです。

そして迎えた2013年、かつて見せられた映像は現実のものとなりました。ある講演会でのワンシーンは、「あのときに見たヴィジョン」そのものだったからです。私は言葉にならないほどの感動を覚えました。


私たちは、自分の未来を思い通りにつくることができます。イメージすることは容易ではないかもしれませんが、ひたすら信じてイメージし続けることが大切です。

私は「未来を語り、癒す者」という使命にしたがって、何度となく「時空を超える旅」を体験してきました。

この世に誕生した瞬間から1歳、2歳、3歳……65歳、66歳、67歳と人生の1年1年を味わい尽くしてきたのです。苦悩に打ちひしがれている過去の自分に対しては、このように語りかけました。

「67歳になったいま、じつに素晴らしい人生を送っています。今世での体験は1分1秒たりとも無駄にはしません！　あなたの頑張りが、いまの素晴らしい人生につながっているのです」

ぜひ、みなさんも自分の可能性を信じて「時空を超える旅」に出かけましょう。あなたの魂には、過去から未来にかけて一瞬一瞬を生きる今世での体験がすべて刻み込まれています。

もしも失敗し、裏切られ、深く傷つき、絶望した過去の自分が救いを求めてきたら、時空をさかのぼって語りかけてください。未来の自分から届く温かなメッセージに、過去の自分は癒されて希望を見出すことでしょう。

そして、過去のあなたが癒されることで、現在あるいは未来につながるあなたも同時に癒されるのです。

過去は必ずや変わります。身に起こった出来事はすべて事実であっても、それを体験したときの思いが変われば、過去のあり方も変わるのです。

どうぞ、素晴らしい未来をイメージしてください。自由で幸福な未来を思い描きましょう。きっとその通りに実現力が発揮され、あなたはよりよき未来へ導かれるはずです。

ミッシングリンクを取り戻した私は、時空を超えた癒しを体験しました。そしていま、自分のことを心から愛し、感謝していると胸を張って言うことができます。自分のすべてがとても愛おしく思えるのです。


ミッシングリンクは、過去・現在・未来を一つにつなげます。そして、はるか遠い未来の自分、生まれ変わりの体験をすべて終了して神聖なる存在となった自分、すなわちハイヤーセルフとも一つになります。

あなたは決してひとりではありません。ミッシングリンクを取り戻せば、過去や未来とつながった〝本当の自分〟に目覚めることができるでしょう。

すると、生まれもった能力が明らかになります。自らの使命を果たすために、その力を遺憾なく発揮できるようになるのです。

高江洲 薫（たかえす　かおる）

透視能力者　ヒーラー　獣医師　アニマルコミュニケーター
たかえす動物愛護病院院長　ヒーリングセンターアルケミスト代表
日本アニマルコミュニケーション協会代表

1998年にインドに向かう飛行機の中で高次の存在よりメッセージを受け、以来透視能力者として3000名以上の過去世をリーディングし、様々な癒しの奇跡を行う。独特のエネルギーに満ちたメッセージは、癒しに携わる専門家にも定評がある。日本のアニマルコミュニケーションの第一人者としてもその能力は多くのメディアでも取り上げられる一方、人の癒しに大きく関わり、講演会やヒーラー・アニマルコミュニケーターを養成するカレッジを運営して、精力的に後進の指導にもあたっている。主な著書に『過去世リーディング』（VOICE）、「 Dr.高江洲のアニマルコミュニケーション」(ビオマガジン)、「犬の気持ちがもっとわかる本」（二見書房）などがある。

◆連絡先
ヒーリングセンターアルケミスト
http://www.alchemist-japan.co.jp/
〒213-0002 神奈川県川崎市高津区二子2-7-29
E-mail：healing@alchemist-japan.co.jp　TEL 044-850-2231

失われた魂の記憶を取り戻す旅
ミッシングリンク

2018年2月26日　初版発行

著者　高江洲 薫
発行人　西 宏祐
発行所　株式会社 ビオ・マガジン
〒141-0031 東京都品川区西五反田8-11-21
五反田TRビル1F
TEL 03-5436-9204　FAX 03-5436-9209
http://biomagazine.co.jp/
編集&イラスト　目良 光
装丁&本文デザイン　藤井 由美子
編集協力　野崎 陽子
印刷所　株式会社シナノ

ISBN978-4-86588-011-3 C0011